工作过程导向项目课程系列教材

# 珠宝市场调查

ZHUBAO SHICHANG DIAOCHA

王惊涛 著

中国地质大学出版社
ZHONGGUO DIZHI DAXUE CHUBANSHE

图书在版编目(CIP)数据

珠宝市场调查/王惊涛著. —武汉:中国地质大学出版社,2011.1(2024.8重印)
ISBN 978-7-5625-2560-8

Ⅰ.珠…
Ⅱ.①王…
Ⅲ.①宝石-市场-调查-高等学校;技术学校-教材
Ⅳ.F768.7

中国版本图书馆 CIP 数据核字(2010)第 231864 号

| 珠宝市场调查 | 王惊涛 著 |
|---|---|
| 责任编辑:张 琰 | 责任校对:戴 莹 |
| 出版发行:中国地质大学出版社(武汉市洪山区鲁磨路 388 号) | 邮政编码:430074 |
| 电 话:(027)67883511 传 真:67883580 | E-mail:cbb @ cug.edu.cn |
| 经 销:全国新华书店 | http://www.cugp.cn |
| 开本:787 毫米×1 092 毫米 1/16 | 字数:256 千字 印张:10 |
| 版次:2011 年 1 月第 1 版 | 印次:2024 年 8 月第 3 次印刷 |
| 印刷:武汉市天星美润设计印务有限公司 | 印数:5001-5500 册 |
| ISBN 978-7-5625-2560-8 | 定价:34.00 元 |

# 编审委员会

# 前　言

随着中国经济的高速增长，人民消费水平的不断提高和消费理念的转变，珠宝首饰业获得了飞速发展，已连续多年两位数字增长，2009年中国珠宝首饰年销售额更是突破了二千亿元人民币大关。珠宝市场竞争也日趋激烈，国际一线品牌如CARTIER、TIFFANY，香港品牌周大福、周生生、六福等纷纷进入中国内地市场，与众多本土珠宝品牌争夺珠宝首饰市场这块诱人的蛋糕。面对激烈的市场竞争，珠宝企业越来越注重市场营销，不断提高营销管理水平。珠宝市场调查作为珠宝企业经营决策不可逾越的起点，是珠宝企业制定市场营销策略的基础。

《珠宝市场调查》是珠宝鉴定与营销专业及其相关专业的一门重要专业课程。本书是为高等职业院校珠宝鉴定与营销专业及其相关专业所编写，同时也面向广大珠宝企业相关岗位人员，可以作为参考或培训用书。本书专门针对珠宝行业岗位群，以工作过程为教材内容设计主线，以工作领域中的工作任务为中心组织教材内容，以实际的珠宝市场调查项目来引领，学生在完成工作项目的过程中掌握相关知识和职业技能。

本书具有鲜明的高等职业教育特色，主要体现在以下几个方面：

第一，以工作过程中的典型任务为教材内容设计主线，以"必需、够用、适度"为原则。以珠宝市场调查工作过程中经常出现的典型工作任务为基础，设计了4个项目，每个项目又由4个工作任务组成，共计16个工作任务。每个工作任务由案例解析、知识链接、能力训练等部分组成。通过项目教学，将知识、方法、过程和具体的任务联系起来，充分调动学生的积极性、主动性，并激发团队内部的合作精神和协作能力。

第二，以就业为导向，将校企合作引入到课程教学中。所有项目均由珠宝企业提供，企业全程参与项目的每个环节，包括项目实施、管理、考核等，使学生与实际工作岗位零距离接触。

第三，贴近企业实际。通过大量珠宝企业调研，精心设计了工作项目，能够满足珠宝企业市场调查的实际需求。

本书由王惊涛著，编者具有多年丰富的珠宝企业实践经验和扎实的理论知识，担任珠宝市场调查教学7年，在实践中积累了丰富的经验和案例。教材经过教学实践的检验，不断进行完善和修改。

本书在编写过程中参考了大量国内外的相关文献，得到了很多专家的指导，在此致以诚挚的谢意。

由于作者自身的学识水平和实践经验有限，书中定有疏漏和不妥之处，敬请有关专家、学者及其广大读者不吝赐教，以便进一步改进和提高。

作　者

2010年9月深圳

# 序

中国的职业教育正在经历课程改革的重要阶段。传统的学科型课程被彻底解构，以岗位实际工作能力为取向的课程正在逐步建构起来。在这一转型过程中，出现了两种看似很接近，人们也并不注意区分，而实际上存在重大理论基础差别的课程模式，即任务型课程和项目化课程。二者的表面很接近，是因为它们均强调以岗位实际工作内容为课程内容。国际上已就如何获得岗位实际工作内容取得了完全相同的基本认识，那就是以任务分析为方法。这可能是二者最为接近之处，也是人们容易混淆二者关系的关键所在。

然而极少有人认识到，岗位上实际存在两种任务，即概括的任务和具体的任务。如对商务专业而言，联系客户是概括的任务，而联系某个特定业务的特定客户则是具体的任务，工业类专业同样存在这一明显区分，如汽车专业判断发动机故障是概括的任务，而判断一辆特定汽车的发动机故障则是具体的任务。当然，许多有见识的课程专家还是敏锐地觉察到了这一区别，如我国的姜大源教授，他使用了写意的任务和写实的任务这两个概念。美国也有课程专家意识到了这一区别并为之困惑。他们提出的问题是："我们强调教给学生任务，可现实中的任务是非常具体的，我们该教给学生哪件任务呢？显然我们是没有时间教给他们所有具体任务的"。

意识到存在这两种类型的任务，是职业教育课程研究的巨大进步，而对这一问题的有效处理，将大大推进以岗位实际工作能力为取向的课程模式在职业院校的实施，项目课程就是为解决这一矛盾而产生的课程理论。他主张在课程设计中区分两个概念，即课程内容和教学载体。课程内容即要教给学生的知识、技能和态度，它们是形成职业能力的条件（不是职业能力本身），课程内容的获得要以概括的任务为分析对象。教学载体即学习课程内容的具体依托，它要解决的问题是如何在具体活动中实现知识、技能和态度向职业能力的转化，它的获得要以具体的任务为分析对象。实现课程内容和教学载体的有机统一是项目课程设计的关键环节。

这套教材设计的理论基础即是项目课程。教材是课程的重要构成要素。作为一门完整的课程，我们需要课程标准、授课方案、教学资源、评价方案等，但教材是其中非常重要的构成要素，它是架接课程理念与教学行为的重要桥梁，是综合体现各种课程要素的教学工具。如好的教材既要体现课程标准，又要能为寻找所需教学资源提供清晰索引，还要能有效地引导学生对教材的学习和评价。可见，教材开发是项非常复杂的工程，对项目课程的教材开发来说更是如此，因为它没有成熟的模式可循，即使在国外我们也几乎找不到成熟的项目课程教材。然而，除这些困难外，项目教材开发还面临一项艰巨任务，那就是如何实现教材内容的突破，如何把现实中非常实用的工作知识有机地组织到教材中。

这套教材在以上这些方面都进行了谨慎而又积极的尝试，其开发经历了一个较长过程（约4年时间）。首先，教材开发者们组织企业专家，以专业为单位对相应职业岗位上的工作任务与职业能力进行了细致而有逻辑的分析，并以此为基础重新进行了课程设置，撰写了专业教学标准，以使课程结构与工作结构更好地吻合，最大限度地实现职业能力培养。其次，教材开发者们以每门课程为单位，进行了课程标准与教学方案开发，在这一环节中尤其突出了项目载体的选择和课程内容的重构。项目载体的选择要求具有典型性，符合课程目标要求，并体现该门课程的学习逻辑。课程内容则要求真正描绘出实施项目所需要的专业知识，尤其是现实中的工作知识。在取得以上课程开发基础研究的完整成果后，教材开发者们才着手进行了这套教材的编写。

经过模式定型、初稿、试用、定稿等一系列复杂阶段，这套教材终于得以诞生。它的诞生是我国项目课程改革中的重要事件，这既是因为它很好地体现了项目课程思想，无论在结构和内容方面均达到了高质量教材的要求；也是因为它所覆盖专业之广，涉及课程之多为以往类似教材之所无，其系统性将极大地方便教师对项目课程的实施；还是因为其开发遵循了以课程研究为先导的教材开发范式，一个国家、一个专业、一门课程，其教材建设水平其实体现的是课程研究水平，而最终又要直接影响到其教育、教学水平。

当然，这套教材也不是十全十美的，我想教材开发者们也会认同这一点。来美国之前我就抱有一个强烈愿望，希望看看美国的职业教育教材是什么样子，因此每到学校考察必首先关注其教材，然而往往也是失望而回。在美国确实有许多优秀教材，尤其是普通教育教材，设计得非常严密，其考虑之精细令人赞叹，而职业教育教材也往往只是一些参考书。美国教授对传统职业教育教材也多有批评，有教授认为这种教材只是信息的堆砌，而非真正的教材，教材应体现学与教的过程。如此看来，职业教育教材建设是全球所面临的共同任务。这套教材的开发者们一定会为这一任务而继续努力，因此他们定会欢迎老师和同学对教材的不足之处不吝赐教。

徐国庆

2010 年 9 月 25 日于美国俄亥俄州立大学

# 目 录

# 项目一　钻石市场竞争调查

## 项目 简介

珠宝首饰行业是深圳市五大优势的传统行业之一，近年来随着经济发展水平的提高，珠宝首饰业已成为迅速发展的朝阳产业。深圳已发展成为全国规模最大的珠宝首饰生产基地、贸易集散地和信息中心，全国约60%～70%的珠宝首饰在深圳加工，从事该项业务的各类企业达到2 000多家，产品占全国70%以上的市场份额，贸易量占全国的80%。××珠宝是一家大型的全国连锁珠宝企业，主营钻石饰品，欲进入深圳市场，急需通过市场调查了解深圳钻石市场竞争状况。

## 项目 目标与要求

- 会根据钻石市场竞争调查需求撰写钻石市场竞争调查计划书
- 能够根据钻石市场竞争调查计划书设计访谈提纲，制定实施方案
- 能够按实施方案完成数据采集，确保数据真实，撰写实地实施报告
- 会使用归纳、演绎、对比等分析方法进行数据分析，撰写数据报告
- 能够根据项目实施报告、数据报告撰写钻石市场竞争调查报告

## 项目 工作任务

- 制定钻石市场竞争调查计划书
- 钻石市场竞争调查实地实施
- 钻石市场竞争调查数据分析
- 撰写钻石市场竞争调查报告

# 工作任务1　制定钻石市场竞争调查计划书



## 任务目标与要求

- 能够根据项目要求确定钻石市场竞争调查内容
- 能够准确选择调查方法
- 能够制定钻石市场竞争调查计划书
- 能够根据计划书设计访谈提纲

## 任务实施

### 1.1　确定钻石市场竞争调查内容

#### 1.1.1　案例解析

**【案例 1－1】**　深圳翡翠市场竞争调查计划书（节选）

**深圳翡翠市场调查计划书**

一、前言

中国的玉文化距今已有 7000 多年的历史，玉石一直深受人们的喜爱。中国人爱玉、戴玉已成为习惯。翡翠于明末清初时期进入中国，短短的几百年间，翡翠逐渐取代了白玉，成为玉石之王。

近年来，国内翡翠市场不断升温，深圳的翡翠市场也在大幅度攀升。某外地翡翠公司欲进入深圳开拓翡翠市场，现委托 MSC 市场调研公司，进行深圳翡翠市场调查，为其进入翡翠市场提供决策依据。

二、调查目的

与客户沟通确定调查目的

1. 了解深圳翡翠竞争市场现状
2. 了解深圳翡翠市场主要竞争对手

三、研究内容

1. 深圳翡翠竞争市场现状

(1)翡翠市场的现状研究。

(2)翡翠行业发展环境分析。

(3)翡翠行业发展回顾。

(4)翡翠行业最新动态。

2. 深圳翡翠市场主要竞争对手研究

(1)主要竞争对手的经营现状。

(2)主要竞争对手的经营方式。

(3)主要竞争对手的经营手段。

(4)主要竞争对手的优势和劣势。

(5)主要竞争对手的最新动态。

与客户沟通确定调查内容，准确描述调查内容，逻辑清晰，内容详实、具体。便于后续的问卷设计

3. 翡翠原料市场的研究

(1)原料市场分布。

(2)原料市场的翡翠种类、颜色。

(3)原料市场的翡翠价格。

问题讨论：珠宝市场竞争调查的常见目的有哪些？主要内容有哪些？

________________________________________

________________________________________

________________________________________

### 1.1.2 知识链接

珠宝市场竞争内容

(1)市场现状调查

1)行业发展环境分析

包括宏观环境和微观环境。

2)行业发展回顾

包括行业发展历史。

3)行业发展现状

包括行业发展规模、发展水平、产品、竞争情况等。

4)行业最新技术动态

行业新技术发展及应用。

5)行业未来发展趋势预测

包括产品品种、款式、价格、工艺、促销手段等。

(2)竞争对手调查

主要竞争对手经营现状

竞争对手的经营方式

竞争对手的营销手段

竞争对手的优势和劣势

主要竞争对手最新动态



### 1.1.3 能力训练

能力训练(1):根据项目要求确定钻石市场竞争调查目的

钻石市场竞争调查目的:

______________________________

______________________________

______________________________

______________________________

______________________________

能力训练(2):根据项目调查目的确定调查内容

钻石市场竞争调查内容:

______________________________

______________________________

______________________________

______________________________

______________________________

______________________________

______________________________

______________________________

______________________________

______________________________

______________________________

______________________________

______________________________

______________________________

**延伸阅读**

珠宝市场调查是一种通过信息将珠宝消费者和公众与珠宝营销者连接起来的职能。这些信息用于识别和确定珠宝营销机会及问题，产生、提炼和评估珠宝营销活动，监督珠宝营销绩效，改进人们对珠宝营销过程的理解。珠宝市场调查具有三种功能：描述、诊断和预测。

描述功能：收集并陈述事实。例如，翡翠市场现状如何？

诊断功能：指解释信息或活动。例如，珠宝顾客流失的原因是什么？

预测功能：对未来的发展趋势作出判断和推测。例如，钻石市场的发展趋势。

珠宝市场调查的意义

■ 了解珠宝首饰消费者需求

通过对珠宝首饰消费者的行为、态度研究，了解消费者对珠宝首饰的需求，使珠宝企业在进行产品开发、设计、改进时候能充分考虑到消费者意见，最大程度上满足消费者的需求。

■ 了解竞争产品的市场表现

企业要稳固地占领市场，提升市场竞争力，必须了解竞争对手目前的产品的价格、促销策略等，分析市场细分状况，寻找适合本企业发展的目标市场，恰当进行产品定位，这样才能知己知彼，在竞争中占有优势。

■ 评估和监测珠宝市场运营状况

珠宝企业营销管理者需要通过市场调查，获得市场经营状况的及时反馈，了解营销策略的执行情况，及时进行方案调整，否则可能带来不必要的资金浪费。

■ 发现珠宝市场空缺和市场机会

市场竞争环境下的珠宝企业，必须不断地寻找增长点，因而珠宝企业需要不断地进行市场调查，获得珠宝首饰消费者的现实需求和理想需求的差距，分析市场空缺，准确把握市场机会。

■ 分析珠宝行业发展态势

企业的一个新概念产品如何进入珠宝市场，企业如何树立品牌形象并持久高价值的品牌资产，还需要以市场调查为基础制定市场营销策略。

## 1.2 确定钻石市场竞争调查方法

### 1.2.1 案例解析

**【案例 1-2】**

格林斯潘——美联储前主席，开创了美国历史上最长的经济上升期，对美国的经济繁荣做出了卓越的贡献，被《纽约时报》喻为美国经济的"火车司机"。在他还只是一名学生的时候，就做出了一份令人刮目相看的调查报告，为其以后的人生辉煌打下了坚实的基础。

那是1950年，朝鲜战争爆发，美国五角大楼把所有的军用物资购买计划列为保密文件，包括美国国家工业联合会在内的投资机构都想了解美国政府对原材料的需求量，从而来预测备战计划对股市的影响。这在平时只要翻看有关的文件就行了，但在战时，已经不可能了。所以，在人才济济的美国工业联合会里没有人愿意调查这一切。有个年轻的兼职调查员自告奋勇，他就是当时还是纽约大学学生的格林斯潘，老板实在找不到其他人，只能让他试试。



格林斯潘是怎么开展调查的呢？他首先想到了1949年，朝鲜战争还没有爆发，军事会议还没有保密，于是他花费大量精力研究一年来的新闻报道和政府公告。了解到1949年和1950年美国空军的规模和装备基本一致，他又从1949年的记录中了解到每个营有多少架飞机、新战斗机的型号、后备战斗机的数量，然后再预计出损耗量，从而预测出战争期间每个型号战斗机的需求量。格林斯潘又找来各种飞机制造厂的技术报告和工程手册进行仔细研读，弄清了每个型号的战斗机需要的原材料。综合两方面的调查，格林斯潘算出了美国政府对原材料的总需求量。

由于他计算出的数字非常接近当时美国政府保密文件里的数字，这给投资者带来了丰厚的回报，格林斯潘也引起了人们的关注。

问题讨论：格林斯潘是如何获得宝贵的资料？运用了什么调查方法？

______________________________________________

______________________________________________

______________________________________________

**【案例1-3】** 深圳翡翠市场竞争调查计划书（节选）

## 深圳翡翠市场调查计划书

一、前言

中国的玉文化距今已有7000多年的历史，玉石一直深受人们的喜爱。中国人爱玉、戴玉已成为习惯。翡翠于明末清初时期进入中国，短短的几百年间，翡翠逐渐取代了白玉，成为玉石之王。

近年来，国内翡翠市场不断升温，深圳的翡翠市场也在大幅度攀升。某外地翡翠公司欲进入深圳开拓翡翠市场，现委托MSC市场调研公司，进行深圳翡翠市场调查，为其进入翡翠市场提供决策依据。

二、调查目的

1. 了解深圳翡翠竞争市场现状

2. 了解深圳翡翠市场主要竞争对手

与客户沟通确定调查目的

三、研究内容

1. 深圳翡翠竞争市场现状

(1)翡翠市场的现状研究。

(2)翡翠行业发展环境分析。

(3)翡翠行业发展回顾。

(4)翡翠行业最新动态。

2. 深圳翡翠市场主要竞争对手研究

(1)主要竞争对手的经营现状。

(2)主要竞争对手的经营方式。

(3)主要竞争对手的经营手段。

(4)主要竞争对手的优势和劣势。

(5)主要竞争对手的最新动态。

3. 翡翠原料市场的研究

(1)原料市场分布。

(2)原料市场的翡翠种类、颜色。

(3)原料市场的翡翠价格。

四、研究方法

调查方法包括访问方法、访问对象、样本量等

1. 竞争研究

(1)调查区域:深圳。

(2)调查对象:珠宝公司(经营翡翠)高级市场管理人员(经理级以上)。

(3)样本量:6个。

(4)调查方法:深度访谈。

2. 原料市场的研究

(1)调查对象:广东翡翠市场。

(2)调查方法:文案调查。

### 1.2.2 知识链接

定性调查是探索性调查的主要方法,调查者利用定性调查来定义问题或寻找处理问题的途径。有时,定性调查和二手资料分析(文案调查)可以构成调查项目的主要部分。

(1)文案调查

文案调查法的资料来源主要分为内部资料和外部资料两大类。

1)内部资料

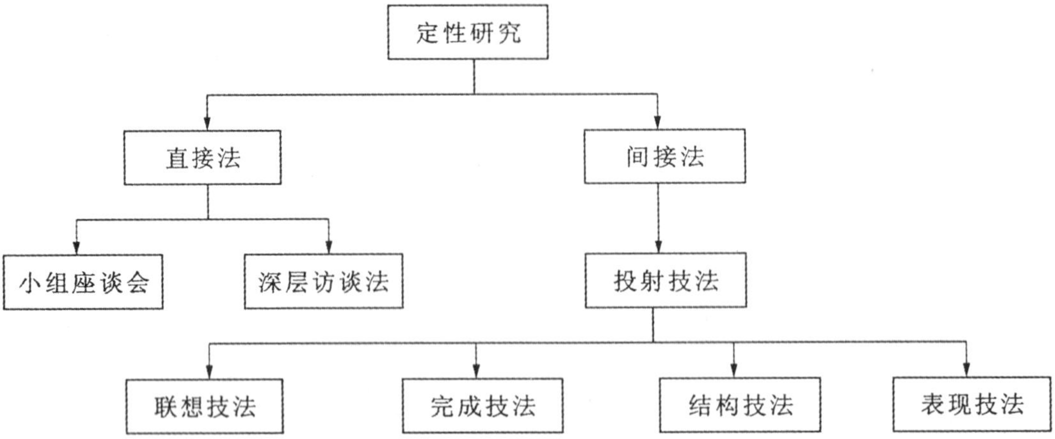


内部资料来源于竞争对手或被调研企业的各经营环节、各管理部门和各层次的活动记录。主要包括：

■ 业务资料。包括与企业业务经营活动有关的各种资料，如订货单、进货单、发货单、合同文本、发票、销售记录、库存动态记录、合同签订及执行情况、业务员访问报告等。通过对这些资料的了解和分析，可以掌握本企业所生产和经营商品的供应情况、各地区用户的需求变化情况等。

■ 统计资料。主要包括各种统计报表，企业生产、销售、库存等各种数据资料，各类统计分析资料等。企业统计资料是调查企业经营活动数量特征及规律的重要定量依据。

■ 财务资料。财务资料是由企业财务部门提供的各种财务、会计核算和分析资料，包括生产成本、销售成本、各种商品价格及经营利润等。财务资料反映了企业劳动占用和消耗情况及所取得的经济效益，通过对这些资料的调查，可以确定企业的发展前景，考核企业的经济效益。

■ 企业积累的其他资料。企业积累的其他资料如平时剪报、各种调研报告、经验总结、消费者意见反映、企业制作的专门审计报告、同业卷宗及有关照片和录像等，这些资料都对市场调查有着一定的参考作用。如根据顾客对企业经营的商品质量和售后服务的意见，就可以调查如何改进产品或服务。

2)外部资料

外部资料主要是来自被调研企业外部的信息，包括以下几大信息来源：

■ 统计部门与各级各类政府主管部门公布的有关资料。国家统计局和各地方统计局定期发布统计公报等信息，定期出版的各类统计年鉴，内容包括全国人口总数、国民收入、居民购买力水平等，这些均是很有权威和价值的信息。

■ 各种经济信息中心、专业信息咨询机构、专业调查机构、各行业协会和联合会提供的市场信息和有关行业情报。这些机构的信息系统资料齐全，信息灵敏度高。

■ 国内外有关的书籍、报刊、杂志所提供的文献资料，包括各种统计资料、广告资料、市场行情和各种预测资料等。

■ 各级政府公布的有关市场的政策法规，以及执法部门的有关经济案例。

■ 有关生产和经营机构提供的商品目录、广告说明书、专利资料及商品价目表等。

■ 各地电台、电视台提供的有关市场信息。近年来，全国的电台和电视台为适应市场经济形势发展的需要，都相继开设了市场信息、经济博览等以传播经济、市场信息为主导的栏目、专题节目及各类广告。

■ 各种国际组织、外国使馆、商会所提供的国际市场信息。

■ 国内外各种博览会、展销会、交易会、订货会等促销会议以及专业性、学术性经验交流会议上所发放的文件和材料。

■ 互联网与市场信息网络提供的信息。这种方式具有信息量大、速度快、成本低等特点，已成为当前获取市场信息的重要手段。市场调研人员可以充分利用各种类型的图书馆，获得某个特定调研主题的各种信息资料。另外，网络已经日益成为承载信息量最大的媒介，市场调研人员应该充分重视网络的重要作用。

(2)小组座谈会

小组座谈会又称焦点小组访谈法，源于精神病医生所用的群体疗法。目前的焦点小组一般由8～12人组成，在一名主持人的引导下对某一主题或观念进行深入讨论。焦点小组调查的目的在于了解和理解人们心中的想法及其原因。调查的关键是使参与者对主题进行充分和详尽的讨论。调查的意义在于了解他们对一种产品、观念、想法或组织的看法，了解所调查的事物与他们的生活的契合程度，以及在感情上的融合程度。

1)小组访谈的应用范围：需要一些初步理解和深入了解的几乎所有情况。如：

■ 了解消费者对某类产品的认识、偏好及行为。

■ 获取对新的产品概念的印象。

■ 调查广告创意、广告脚本、新产品概念的测试。

■ 调查产品的合理价格。

■ 了解消费者对某项市场营销计划的初步反映等。

2)座谈会实施步骤

■ 制定座谈会实施方案，确定座谈会大纲。

■ 预约被访者。

■ 座谈会实施(会议记录、观察)。

■ 分析解释，撰写座谈会总结。

3)座谈会的优缺点

①优点：

■ 协同增效。将一组人放在一起讨论，与单个人去询问得到的私人保密回答相比，前者可以产生更广泛的信息、更深入的理解和看法。

■ 滚雪球效应。在小组访谈会中，常常会有一种“滚雪球”效应，即一个人的评论会启动其他参与者的一连串反应，更容易激发灵感、产生想法。

■ 安全感。因为参加者的感觉与小组中的其他成员是类似的，所以参加者感到比较舒服并愿意表达他们的观点和感情。

■ 科学监视。小组座谈会允许对数据的收集进行密切监视，观察者可以亲自观看座谈的情况，并可以将讨论过程录制下来用作后期分析。

■ 速度快。由于同一时间内同时访问了多个被调查者，因此数据收集和分析过程都是相对比较快的。

②缺点：

■ 错误判断。小组访谈会的结果比其他数据收集方法的结果更容易被错误地判断，小组访谈会特别容易受客户和调查人员偏差的影响。

■ 难主持。因目前具有较高素质的主持人是很少的，而调查结果的质量又十分依赖于主持人的技术。

■ 凌乱。由于问题回答是无结构的，所获取的信息通常较为凌乱，故需要能力相对较强的分析人员方能完成对信息的归纳总结。

■ 错误代表：小组访谈会的结果对总体是没有代表性的，因此，其不能做为企业决策的唯一依据。

(3)深度访谈

深度访谈法是定性调查常用的技法，是一种无结构的、直接的、个人的无定式的访问，被访者在访问员的提示和引导下自由交谈。

1)适用范围：用于获取对问题的理解和深层了解的探索性调查

①详细刺探被访者的想法(如消费者对某种新切工钻石的看法和判断)。

②详细地了解复杂行为(如了解消费者在选择铂金首饰时的想法)。

③访问专业人员或竞争对手(如访问珠宝技师有关钻石镶嵌工艺)。

2)深度访谈的步骤

①选择访问对象。

②自我介绍。

③详细说明访问的目的，并设法创造一种良好的气氛。

④把握询问的方向及问题的焦点。

3)深度访谈的优缺点

①优点：

■ 可以获得比较全面的材料。自由访问没有对问题答案的限制，会获得预料未及的资料。

■ 适合于了解一些复杂和抽象的问题。有些复杂和抽象的问题只有通过自由交谈才可谈得详尽、明白。

■ 有较多机会评价所得资料或答案的可信度。因为访问者可以通过其行为、表情、语调等观察动机和态度，从而分辨其答案的真伪。

■ 访问的弹性相当大。在访问过程中可重复询问，对问题作解释，从而可明白被访者答案的真正意思。

②缺点：

■ 由于调查的无结构使得结果十分容易受调查员自身的影响，其结果质量的完整性也十分依赖于调查员的技巧。

■ 由于占用的时间和所花费的经费较多，因而在一个调查项目中深度访谈的数量是十分有限的。

■ 深度访谈的结果数据常常难以分析和解释，因此需要熟练的心理学家的协助来解决这个问题。

### 1.2.3 能力训练

根据项目调查内容确定调查方法

调查方法：______________________________

调查对象：______________________________

样本量：______________________________

**延伸阅读**

一、投射技法

投射技法是一种间接市场调查方法，源于临床心理学。它是一种无结构的非直接的询问形式，可以鼓励被调查者将他们对所关心问题的潜在动机、信仰、态度或感情投射出来。在投射技法中，并不要求被调查者描述自己的行为，而是要他们解释其他人的行为。在解释他人的行为时，被调查者就间接地将他们自己的动机、信仰、态度或感情投射到了有关的情景之中。

在国外投射技术多用在职业兴趣测量、态度及人格测验中。一般比较通用的投射测验法有：

1. 联想技法

将一种刺激物呈放在被调查者面前，然后询问被调查者最初联想到的事。在这类技法中最常用的叫词语联想法。在词语联想中，给出一连串的词语，每给一个词语，都让被调查者回答其最初联想到的词语(即反应语)。

2. 完成技法

在完成技法中，给出不完全的一种刺激情景，要求被调查者来完成。常用的方法有句子完成法和故事完成法。句子完成法与词语联想法类似，给被调查者一些不完全的句子，要求他们完成。在故事完成法中，给被调查者故事的一个部分，要足以将被调查者的注意力引到某一特定的话题，但是不要提示故事的结尾。被调查者要用自己的话来做出结论。

例如：在百货商店顾客光顾情况的调查中，要求被调查者完成下面的故事：一位男士在他所喜爱的一家珠宝店里买首饰。他花了45分钟并试戴了几件首饰之后，终于选中了一件他所喜欢的。当他打算开单的时候，一位店员说："先生，我们现在有特价的首饰，同样的价格但质量更高，您想看看吗？"这位消费者的反应是什么？为什么？从被调查者完成的故事中就有可能看出他（她）对花费时间挑选商品的相对价值方面的态度，以及他（她）在购物中的情感投资行为。

3. 结构技法

结构技法与完成技法是十分相近的。结构技法要求被调查者以故事对话或绘图的形式构造一种反应。在结构技法中，调研者为被调查者提供的最初结构比完成技法中提供的少。结构技法中的两种主要方法是图画回答法和卡通试验法。

4. 表现技法

在表现技法中，给被调查者提供一种文字的或形象化的情景，请他（她）将其他人的感情和态度与该情景联系起来。两种主要的表现技法是角色表演和第三者技法。

角色表演：在角色表演中，让被调查者表演某种角色或假定按其他某人的行为来动作。调查者的假定是被调查者将会把他们自己的感情投入角色。通过分析被调查者的表演，就可以了解他们的感情和态度。例如在调查中，要求被调查者扮演负责处理顾客抱怨和意见的经理角色。被调查者如何处理顾客的意见表现了他们对购物的感情和态度。如果在表演中用尊重和礼貌的态度对待顾客抱怨的表演者，作为顾客，希望商店的经理也能用这种态度对待他们。

第三者技法：给被调查者提供一种文字的或形象化的情景，让被调查者将第三者的信仰和态度与该情景联系起来，而不是直接地联系自己个人的信仰和态度。第三者可能是自己的朋友、邻居、同事或某种"典型的"人物。同样，调研者的假定是，当被调查者描述第三者的反应时，他个人的信仰和态度也就暴露出来了。

二、样本及样本量

样本是抽样调查的术语，是指从总体（所调查的对象）中按一定程序抽得的那部分个体。样本量是指从总体中抽取的样本元素的总个数。如从珠宝首饰消费者中抽出的300个消费者即为样本，样本量是300个。

## 1.3 制定钻石市场竞争调查计划书

### 1.3.1 案例解析

**【案例1-4】** 深圳翡翠市场调查计划书（节选）

**深圳翡翠市场调查计划书**

计划书扉页包括标题、委托方、受托方和时间

委托方：深圳××珠宝首饰有限公司

受托方：深圳MSC调查有限公司

时　间：2007年11月

目　　录

目录便于客户阅读



交待项目背景、主要研究目的等

一、前言

中国的玉文化距今已有7000多年的历史，玉石一直深受人们的喜爱。中国人爱玉、戴玉已成为习惯。翡翠于明末清初时期进入中国，短短的几百年间，翡翠逐渐取代了白玉，成为玉石之王。

近年来，国内翡翠市场不断升温，深圳的翡翠市场也在大幅度攀升。某外地翡翠公司欲进入深圳开拓翡翠市场，现委托MSC市场调研公司，进行深圳翡翠市场调查，为其进入翡翠市场提供决策依据。

与客户沟通确定调查目的

二、调查目的

1. 了解深圳翡翠竞争市场现状

2. 了解深圳翡翠市场主要竞争对手

三、研究内容

1. 深圳翡翠竞争市场现状

(1)翡翠市场的现状研究。

(2)翡翠行业发展环境分析。

(3)翡翠行业发展回顾。

(4)翡翠行业最新动态。

2. 深圳翡翠市场主要竞争对手研究

(1)主要竞争对手的经营现状。

(2)主要竞争对手的经营方式。

(3)主要竞争对手的经营手段。

(4)主要竞争对手的优势和劣势。

(5)主要竞争对手的最新动态。

3. 翡翠原料市场的研究

(1)原料市场分布。

(2)原料市场的翡翠种类、颜色。

(3)原料市场的翡翠价格。

四、研究方法

1. 竞争研究

(1)调查区域:深圳。

(2)调查对象:珠宝公司(经营翡翠)高级市场管理人员(经理级以上)。

(3)样本量:6个。

(4)调查方法:深度访谈。

2. 原料市场的研究

(1)调查对象:广东翡翠市场。

(2)调查方式:文案调查。

五、质量控制措施

通过质量控制措施确保数据客观、真实、准确

为了保证调查数据的真实可靠,MSC市场调查公司制定了一系列严格的行之有效的质量控制措施。

(1)将严格按ESMAR行业规范运作项目,坚持科学性、客观性和保密性原则。

(2)研究人员和执行人员与客户始终保持沟通,及时有效地解决项目实施过程中的问题,并将全过程开放,接受客户的监督和双重质量控制。

(3)所有项目文件的制定和实施,必须得到项目经理的认可和委托方的认可。

(4)每个项目均成立项目小组,所有计划和结果均来源于集体的讨论,有多大程度来源于经验或统计方法,在每一步都会有详细的说明。

(5)所有项目参与人员均需经过严格培训。

(6)所有问卷或提纲的设计必须进行试访,在正常情况下,必须使用统计方法检验问卷问题的效用。

(7)多级质量控制。MSC市场调查公司的问卷完成需经过三个部门的审核、复核,而三个部门分属不同的主管,保证每个问卷三重过滤,不会出现互相包庇的现象。具体量化指标为:抽样复核比例≥30%,有效复核率≥80%,问卷合格率≥90%,复核一致率≥80%。

(8)委托方享有调查的所有研究成果,受托方不得以任何形式将其透露给任何第三方,所有原始资料受托方依据统计法使用并保存18个月以上。

六、调查进度

本项目自合同签订之日算起共需28天(含节假日),项目具体进度如下表所示:

七、经费预算

1. 项目研究费用

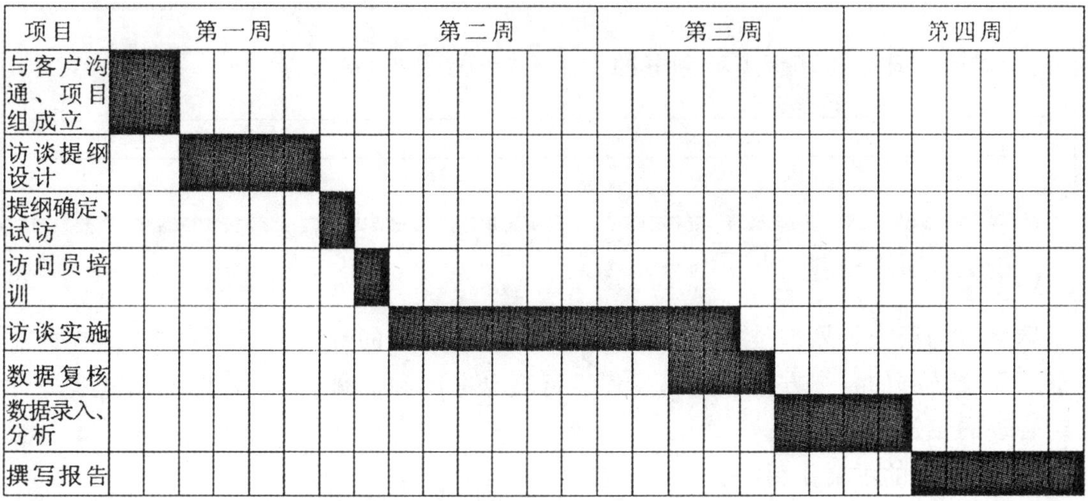


> 进度安排要具体到每一天，并留有一定的伸缩空间

> 文案调查可单独计算费用

本项目的研究费用共计 11 600 元。

(1)文案调查。二手资料的收集和行业资料的购买费用，共计 8 000 元。

(2)专业人士访谈。珠宝公司销售管理人士 6 位，计 300 元/位，共计 3 600 元。

费用说明：上述报价主要包括方案设计、资料和数据的购买、礼品费、数据处理、研究分析及报告撰写的费用。

> 一般将费用分摊至每个样本，按样本报价

2. 付款方式

项目确认、双方签定合同之日委托方预付全部费用的 50%，项目结束提交研究报告后一周内(7 天)付清余下费用。

> 人员介绍主要介绍主要研究人员、数据分析人员和督导，重点是工作经验介绍

八、研究人员

项目经理：洪晓红，五年的市场研究经验，主持过珠宝、化妆品、服装等产品的市场研究工作，具有较丰富的市场研究经验。

研究人员：黄润超，三年的市场研究经验，主持或参与过多个有关珠宝、钟表、化妆品研究的项目。

督导：薛江轶，高级督导。从事市场调查三年，具有丰富的项目实地操作经验。曾从事过珠宝、化妆品、媒体、汽车等方面的实地操作及各种项目的异地城市执行工作。

数据分析：张薇，西安统计学院统计信息专业，两年专业统计工作经验，熟练运用现代统计理论与技术分析方法，负责本项目的数据分析工作。

问题讨论：珠宝市场调查计划书的作用是什么？有哪些内容？

______________________________________________

______________________________________________



### 1.3.2 知识链接

珠宝市场调查计划书是根据调查的目的和调查对象的性质，在进行实际调查之前，对调查工作总任务的各个方面和全部过程进行通盘考虑和安排，提出相应的调查实施方案，制定合理的工作程序。

(1)计划书的主要作用

1)对珠宝市场调查项目的整体规划与控制

2)计划书是珠宝市场调查项目合同或协议的一部分

3)计划书是项目立项的主要影响者

(2)珠宝市场调查计划书主要内容

1)调查目的

描述市场调查的主要目的。调查目的要与委托方沟通，共同确定。

2)调查内容

根据调查目的，确定调查内容，内容描述应具体。

3)调查方法

描述调查所采用的方法，具体包括数据收集方法、抽样方法、样本量、数据分析方法、调查对象等。

4)质量控制

描述整个项目的质量控制措施，以确保数据的真实可靠。质量控制应是全程的、具体的、可行的。

5)调查进度

描述项目所需时间，各阶段主要工作内容及进度安排。进度安排一般以日为单位，留有一定的伸缩空间。

6)调查经费预算

描述项目所需的经费，具体包括计划书撰写费、问卷设计费、印刷费、访问员劳务费、礼品费、数据分析费、报告撰写费、管理费、税金等。一般将费用分摊到样本，按样本量进行报价。

7)附录

附录部分主要介绍项目的主要参与人员，如项目负责人、主要参加者介绍及其在该项目中的分工，此外一些较复杂的抽样方法及数据分析方法、数据处理软件介绍等也可放在附录里进行说明。

### 1.3.3 能力训练

完成深圳钻石市场竞争调查计划书,计划书要求及评分标准:

| | |
|---|---|
| 结构完整 | 15% |
| 目的明确 | 25% |
| 内容合理、调查方法准确 | 35% |
| 进度、人员安排合理 | 15% |
| 文字规范简洁 | 10% |

## 1.4 设计访谈提纲

### 1.4.1 案例解析

**【案例1-5】** 深圳翡翠市场调查深度访谈提纲

**深度访谈提纲**

1. 竞争者的研究

(1)请问现在翡翠市场的现状如何?

(2)请问现在翡翠行业发展环境如何?

(3)请问您如何看待翡翠行业的前景和未来发展的趋势?

(4)您知道目前翡翠行业有什么最新动态?

> 访谈大纲的内容应与计划书保持一致

2. 竞争对手的研究

(1)请您简单讲讲贵公司目前的经营现状。

(2)请问贵公司的主要竞争对手有哪些?

(3)您能谈一谈这些竞争对手和贵公司在经营方式和经营手段上的异同吗?

(4)贵公司发展到如此大的规模您认为最值得骄傲的地方在哪里?哪里还需要改进?

(5)快到新年了,贵公司有没有什么最新的活动?

> 问题注意逻辑顺序,先易后难

问题讨论:访谈提纲的作用是什么?内容如何确定?

______

______

______

______

### 1.4.2 知识链接

访谈提纲的完美设计，是做好珠宝市场调查的重要部分。设计一份访谈提纲，应该有充分的准备，尤其是要有丰富的调查经验。对调查过程及被调查者的心理状态做到心中有数，对有关珠宝产品的背景、市场行情等有一定的了解。如果只是坐在办公室里来设计问卷、访谈提纲，无异于闭门造车，不可能设计出完美的访谈提纲。

一般来说，访谈提纲设计过程如下：

首先，抓住委托调查的目的及内容，亲自走访有关行业部门进行访问调查，询问一些相关问题，先拟订提纲方案，再进行调查，经修改并同客户讨论后确定正式访谈提纲。

准备期间的走访调查是将调查内容具体化并以问题方式提出，例如：进行钻石市场竞争调查，可以将调查内容转化成以下问题获得答案：

- 请问市场上主要有哪些钻石品牌？
- 在您看来钻石市场的发展趋势会怎样？

### 1.4.3 能力训练

根据已完成的计划书确定问题点，并将问题点转换为实际的问题，设计完整的访谈提纲。提纲要求及评分标准：

| | |
|---|---|
| 结构完整，逻辑清晰 | 15% |
| 内容与计划书一致 | 25% |
| 问题设置合理 | 35% |
| 进行试访 | 25% |

## 工作任务2 钻石市场竞争调查实施

### 任务目标与要求

- 能够根据项目计划书制定钻石市场竞争调查实施方案
- 能够完成访问员培训
- 能够准确完成数据采集

### 任务实施

## 2.1 制定钻石市场竞争调查实施方案

### 2.1.1 案例解析

**【案例 2-1】** 深圳翡翠市场调查实施方案

实地实施计划

> 简单介绍项目委托方、研究目的，便于实地实施人员操作

一、项目简介

委托方：深圳××珠宝首饰有限公司

研究目的：

1. 了解深圳翡翠竞争市场现状
2. 了解深圳翡翠市场主要竞争对手

二、研究方法

1. 竞争研究

(1)调查区域：深圳。

(2)调查对象：珠宝公司(经营翡翠)高级市场管理人员(经理级以上)。

(3)样本量：6 个。

(4)调查方法：深度访谈。

> 调查方法应严格按照计划书执行

2. 原料市场的研究

(1)调查对象：广东翡翠市场。

(2)调查方式：文案调查。

三、访问员要求

(1)学历：高中毕业以上，要对珠宝首饰有简单的了解。

(2)年龄：25～45 岁。

(3)性别：女。

(4)语言：普通话标准，会说广东话。

> 访问员要求要具体，主要针对年龄、语言、性格等

(5)性格：性格开朗、有耐心、责任心强，能够随机应变，能吃苦耐劳。

四、进度安排

| | |
|---|---|
| 11 月 18 日 | 访问员培训 |
| 11 月 19 日～11 月 27 日 | 深度访谈 |
| 11 月 26 日～11 月 28 日 | 复核 |
| 11 月 18 日～11 月 28 日 | 文案调查 |

> 时间安排要具体到每一天，有具体的工作内容

五、人员安排

项目经理：洪晓红

总督导：薛江轶

访问员培训：张薇

深度访谈：张薇、黄丹映、庄一秀

文案调查：叶慧玲等共4人

六、质量控制措施

质量控制措施是为了确保数据真实可靠，须具体可操作

(1)所有项目参加人员都需经过项目相关的培训。

(2)每个深度访谈均安排一名督导负责监督，每天提供项目日进度报告。

(3)聘请有丰富深度访谈经验并对翡翠有一定了解的访问员，保证深度访谈的质量。

(4)所有深度访谈要求录音，录音比例不得低于80%，并有详细的笔录。

(5)每完成一份深度访谈，经复核员复核后再由研究人员审核，发现问题及时补问。

(6)所有深度访谈问卷百分之百复核。



附件：

访问员培训大纲

培训大纲包括培训内容、培训方法等

(1)市场调查相关的知识，如市场调查的基本认识、抽样方法、市场调查常常出现的问题以及受访者可能有的各种反应和心态，等等。

(2)访问技巧的练习。如何让受访者对访问员产生信任、建立和谐的气氛，访问员提问的技巧，如何处理拒绝访问的技巧，等等。

(3)对访谈提纲的内容需进行详细的解释和进行讨论，例如问题设计的思路、题目说明的技巧，等等。

(4)进行模拟训练。访问员现场试访，发现问题及时解决。

问题讨论：项目实施方案的作用是什么？有哪些内容？

______________________________

______________________________

______________________________

### 2.1.2 知识链接

项目实施方案内容

项目实施方案是对市场调查项目的数据采集阶段进行一个总体的计划和安排，便于项目实施人员进行操作，重点是项目的人员及进度安排、项目质量控制措施。项目实施方案的主要内容如下：

(1)项目简介

简单介绍项目委托方、项目调查目的、项目调查方法等,便于项目实施人员了解项目情况。

(2)项目人员安排

主要包括项目督导、访问员、复核员等的人员安排和责任分工,责任到人。

(3)项目进度安排

主要包括项目实施的日进度安排,如访问员培训、调查实施、问卷复核等。充分考虑各种可能影响进度的因素,时间安排上要留有一定余地。

(4)项目质量控制

主要包括项目实施中的质量控制措施,以确保数据真实可靠,项目按计划完成。质量控制措施必须具体、可行、有效,尽量事先预计可能遇到的问题及解决方法。

(5)项目培训方案

主要包括项目成员及访问员培训的具体内容及方法,以及培训时间和地点的安排。

### 2.1.3 能力训练

能力训练:完成钻石市场竞争调查实施方案。方案要求及评分标准:

| | |
|---|---|
| 结构完整,逻辑清晰 | 15% |
| 实施方法与计划书一致 | 25% |
| 质量控制措施有效 | 30% |
| 人员、进度安排合理 | 30% |

## 2.2 项目培训

### 2.2.1 知识链接

访问员主要负责各种类型调查项目的资料收集工作,以收集原始资料为职责,对受访者进行访问。访问员的素质是营销调查成败的关键。因此,应当重视对访问员的培训。在整个调查活动中需要具有各种职能的访问员,应根据各自职能进行不同层次的培训。

(1)选择访问员

访问人员的素质优劣将影响调查结果,故选择合适的访问人员并进行必要的访问训练,可提高调查质量。访问人员的条件有心理条件和外在条件,分别说明如下:

1)心理条件

- 敬业。忠于工作,不偷懒或歪曲资料。
- 耐心。不为机械式工作所苦,且能循循善诱受访者使之合作。
- 开放性格。能以自然开朗个性与受访者讨论各种问题。
- 积极主动。能完成预订访问工作。
- 细心。仔细记录访问答案,减少粗心造成的非抽样误差。

2)外在条件方面

■ 年龄:介于25~45岁之间。

■ 性别:女性。

■ 口齿清晰明白,通晓当地方言。

■ 外在仪表:衣着整洁大方,有充满自信的精神状态,具有亲和力的微笑。

■ 应变能力:能解决随时可能遇到的各种意外问题。

■ 严守时间:一个市场调查项目涉及各个环节,时间要求相当严格。

■ 保密:由于市场调查的特殊性,访问员会接触到客户很多机密性的资料,访问员必须像爱护自己的眼睛一样,保证所有的资料不会丢失或通过自己的谈话等方式泄露。包括对参与项目所涉及的客户品牌等任何工作内容、方法及项目内容都不得向外透露。访问记录及附带资料不得私下抄录、复印或向他人透露。为了更好地保证项目的保密性,所有访问员都不可以同时在其他市场调查公司任兼职访问员。



(2)访前训练

在访问员人数方面,每位访问员每一工作日(约8小时)完成8~11份问卷,以预定完成的期限长短来决定访问员人数。对访问员的培训,必须让其掌握两个方面的内容——"怎么做"和"为什么要这么做"。"怎么做"包括怎样确定访问地点、怎样确定访问对象、怎样进行接触(包括仪表和谈话方式等)、怎样问候(包括开场白等)、怎样确定合格的被访者(包括筛选方法)、怎样询问和追问、怎样记录、怎样结束访问。"为什么要这么做"的培训是指让访问员知道遵循所规定的访问指南和访问程序,必须向新访问员讲清楚这么做的理由以及不这么做可能会造成的后果。这一点在新访问员培训中很重要,但往往很容易被忽视。

对访问员的访前培训可以分为两个阶段:基础培训和项目培训。其中,基础培训包含基本访问技巧的培训。

1)基础培训

①常规的培训

■ 调查基本认识培训。

■ 确定访问对象(包括抽样技术)培训。

■ 市场调查问题性质培训。

■ 访问员态度和行为准则培训(包括访问前必须携带的物品,如问卷、样本计划、身份证或访问介绍信、纸、笔、赠品、示卡、文件夹等)。

■ 受访者心态把握的培训。

■ 如何处理访问中发生的特殊情况。

②基本访问技巧的培训

A. 如何问候

在面对面的实地访问时,访问员一般对调查项目不做解释,开场白要尽量简短,目的是使被访者立即开始回答问题。一旦被访者的注意力集中在调查问题上,就不会再去考虑是否应该参与的问题。开场白的另一个原则是：绝不要请求被访者获得允许。例如，用“我可以占用您几分钟时间吗？”“您能花几分钟时间来参加这项调查吗？”之类的问话开始都是不合适的。因为很容易得到拒绝的回答，请求被访者获得允许的拒绝率很高。总之，能使被访者越早开始回答问题越好。被访者一旦参与，一般不会中途停止。

B. 如何询问

■ 提问遵循以下原则：要对访问提纲十分熟悉；按问题在访问提纲中出现的顺序来提问；丝毫不差地按照访问提纲中的措辞来提问；提问时说话要慢而清楚；遵照指导语进行提问和跳答；如果需要出示卡片，一般在问题陈述完以后再出示；在访问过程中，因为不可预料的原因使提问中断时，如果中断的时间过长（超过几分钟），那么，一般情况下就应放弃该访问。

■ 追问：问卷中会有一些开放式的问题，需要被访者深入地回答。调查员要采取有效的追问技巧，使被访者能够进一步扩展、阐明或解释他们的回答。追问技巧的关键是既深入、客观，又不至于诱导产生偏差。常用以下的方法：重复问题，当受访者保持完全沉默时，他（她）也许没有理解问题，或还没有决定怎样来回答，重复问题有助于受访者理解问题，并会鼓励其应答；观望性停顿，当访问人员认为受访者有更多的内容要说时采用沉默性追问，伴随着观望性注视，也许会鼓励受访者搜集他（她）的思想并给出完整的回答，当然访问人员对受访者必须是敏感的，以避免沉默性追问造成冷场；重复受访者的回答，随着访问人员记录回答，他（她）也许会逐字重复应答者的回答，这也许会刺激受访者扩展他（她）的回答。

例如，问：您喜欢这款戒指的什么呢？

第一次回答：外观漂亮。

追问：您还喜欢什么呢？

第二次回答：手感好。

追问：您还有没有喜欢的呢？

第三次回答：没有了。

C. 如何结束访问

在所有的信息都收集到之后才能结束访问。访问员应当回答被访者关于调查项目的提问，给被访者留下一个好印象。最后，向被访者赠送一个小礼品，并就被访者的合作表示诚挚的谢意。离开访问场所之前一定要再次检查，以确认所有材料（包括问卷、卡片、展示物品等）没有遗漏。

2）项目培训

主要是针对每个特定的调查项目对访问员进行培训，包括以下内容：

■ 该项调查项目的内容和调查目的。

■ 该项调查项目的问卷结构、问卷内容。

■ 该项调查项目的调查时间、调查步骤及注意事项。

（3）培训方法

1)朗读提纲

不论是基础培训，还是在将来的项目培训中，在开始讲解提纲前，都要求访问员大声朗读提纲两遍。

2)理解问卷、提纲及其结构(出示问卷、提纲进行讲解)

3)采用标准统一的提问方法

■ 严格按问卷、提纲顺序，问卷、提纲上规定回答的问题应全部问到，不能遗漏，根据逻辑指示应跳问的不要多问。

■ 严格按照提纲上问题的字句提问，因为每个问题或说法都是经过仔细推敲的，具有特定的意义。

■ 在提问时，对提纲上的问题不能加入访问员的个人意见或解释(统一规定的除外)。



### 2.2.2 能力训练

访问技巧练习，重点是开场白。

内容：模拟某珠宝公司市场部经理访问开场白。

## 2.3 钻石竞争调查数据采集

### 2.3.1 案例解析

**【案例 2－2】** 深圳翡翠市场调查深度访谈

深圳翡翠市场调查深度访谈图片

问题讨论：如何控制深度访谈的质量？

### 2.3.2 知识链接

(1)文案调查法实施

文案调查的工作程序包括间接资料的收集、审查和整理。

1)资料的收集

■ 查找。要根据调查的目的和要求，制定收集资料的方案与计划，做到有计划地而不是盲目地收集资料。

■ 阅读。对收集来的资料还需要通过阅读来了解、决定其主次轻重和选择使用。阅读法包括以下两种：第一种是大致浏览，通读全篇。这是一种快速阅读方法，只看资料的大小标题、内容提要、序言和后记，或者只看两头，选取结论性、关键性的主句，进行粗略的阅读，掌握大概意思，不调查文案材料的细节内容。第二种是精细研读，逐一弄懂。

■ 记录。资料的记录是资料收集和阅读过程中一项必不可少的工作。记录方法主要包括做资料卡片、做资料剪贴、做活页笔记3种。

2)资料的审查

审查指的是鉴定资料的真实性和可用性。真实性包括对资料来源真实性的鉴定和统计真实性的鉴定，尤其是针对互连网来源的资料。可用性审查指的是检查资料的属性、测量尺度、分组状态是否与调研内容相适应等，以及对资料的时效性、完整性的考察。

3)资料的整理

在文案调查法中，通过查找、阅读和记录获得的文案资料尚处于凌乱、分散的状态，并不能说明调研者完全占有了它，还必须对收集到的文案资料进行选择和分类等整理工作。

(2)座谈会实施

1)座谈会流程

确定调查题目(目的)→依据调查题目选定参加座谈会的人员→确定召开座谈会的时间和地点→召开座谈会→会后整理会议记录并提出调查结果。

2)座谈会调查法的参与者

座谈会调查法的参与者一般都要经过甄别。先由调查人员定下标准，让访问员找到足够的符合条件的候选人。对参与者的分组，一般以某个参数是否同质为准，同质同组。同质分组的目的在于减少参与者之间的抵触，提升认同感，这样有利于互相激发。

参与者应该尽量“普通”些，如果没有十分必要，应该把有“专家”行为倾向的人排除在外，包括一些特殊职业(如律师、记者、教师等)的消费者，因为他们很容易凭借自己的“健谈”过多地占用发言时间，并且影响其他参与者，同时增加了主持人的控制难度。另外，曾经参加过焦点小组座谈的人，也不是合适的参与者。

参与者中应该避免有亲友、同事关系，因为这种关系会影响发言和讨论。万一发生这种现象，应该请其中一人退出。

每个小组参与者的数量一直以来认为8～12人是合适的，但这主要应该依据讨论的内容而定。在有些情况下，为了让参与者能深入地座谈和发表意见，小组人数可以减少到4～6人。例如，为某珠宝销售软件实施焦点小组座谈时，为了让消费者能充分熟悉软件的功能并尽量深入发表意见，每组只有4个参与者，而座谈会持续3个小时以上。



找到足够的合适的参与者并不是件容易的事，经常会发生参与者不够用的问题。为此，需要了解参与者参加座谈的目的和心理。调查表明，参加焦点小组座谈的动因按重要性排序是：报酬、对调研内容的兴趣、有没有时间、对调研课题比较了解、好奇心理、有发表观点的机会等。

3）主持人

主持人在焦点小组座谈中的作用是十分关键的，合格的主持人首先应该是训练有素的调研专家，他对调研背景、调研目的、调研程序、分组情况都应该了如指掌。如果要主持一个诊断性小组座谈，主持人还要有良好的心理学和社会心理学的基础。为了有效地完成其职责，不得不对主持人提出很高的素质要求，其中最重要的素质要求包括以下几个：

■ 亲切友善，以便能迅速与参与者建立良好的沟通关系。

■ 认真投入，首先主持人自己要认真投入地进入角色，还要使参与者感觉到自己的认真投入，激励整个小组进行积极讨论。

■ 灵活应变，在很多时候，为了保证讨论能自然流畅，需要主持人适时地改变问题顺序，新观念地发现和提炼都是必然的。

主持人在焦点小组座谈会中的工作职责包括：

■ 与参与者建立友好的关系。

■ 说明座谈会的沟通规则。

■ 告知调研的目的并根据讨论的发展灵活变通。

■ 探寻参与者的意见，激励他们围绕主题进行热烈的讨论。

■ 总结参与者的意见，评判对各种参数的认同程度和分歧。

(3)深度访谈实施

深度访谈法是专题讨论法中的一种特殊方法，它是根据调查主题某一方面的调查需要，由调查者向一个或少数几个被调查者作深入探究的一种调查方法。要防止被调查者拒访，应给被调查者创造一种轻松舒适的访谈环境，让被调查者无拘无束地发表意见。

### 2.3.3 能力训练

能力训练(1)：深度访谈模拟

内容：了解钻石市场竞争

要求：按要求完成访问提纲上的所有问题

能力训练(2)：按照项目实施方案完成实地实施

## 2.4 撰写项目实施报告

### 2.4.1 案例解析

**【案例 2-3】** 深圳翡翠市场调查项目实施报告

**项目实施报告**

一、研究目的

1. 了解深圳翡翠竞争市场现状

2. 了解深圳翡翠市场主要竞争对手

介绍项目实施情况，事关数据的真实性，非常重要

二、研究方法

1. 竞争研究

(1)调查区域：深圳。

(2)调查对象：珠宝公司(经营翡翠)高级市场管理人员(经理级以上)。

(3)样本量：6 个。

(4)调查方法：深度访谈。

2. 原料市场的研究

(1)调查对象：广东翡翠市场。

(2)调查方式：文案调查。

实际描述项目执行情况

三、项目进程

| | | | | |
|---|---|---|---|---|
| 执行方式 | 文案调查、深度访谈 | | | |
| 执行地区及访谈对象 | 深圳祥和珠宝、周大生珠宝、深圳大笨钟珠宝、深圳百爵珠宝、金大福珠宝、深圳百仕雅珠宝 | | | |
| 项目督导 | 薛江轶 | | | |
| 项目培训 | 张　薇 | | | |
| 人员安排 | 访问员 | 共 10 名 | | |
| | 审卷员 | 张海燕 | 复核员 | 张文方 |
| 执行进度 | 11 月 18 日<br>11 月 19 日～11 月 27 日<br>11 月 26 日～11 月 28 日<br>11 月 18 日～11 月 28 日 | 访问员培训<br>深度访谈<br>复核<br>文案调查 | | |
| 项目完成情况 | 由于深度访谈的对象要求较高，必须为公司总经理或相关部门经理，因此在预约对象上有一定的难度。我们挑选有经验的访问员，通过各种手段，利用各种社会关系，使项目得以顺利完成 | | | |

描述质量控制措施及实施过程中出现的问题及解决方法

四、质量控制

(1)成立项目小组,包括研究人员、执行人员、质控人员、数据处理人员,实行项目经理负责制。

(2)所有项目参加人员都需经过项目相关培训。

(3)每个深度访谈均安排一名督导负责监督,每天提供项目日进度报告。

(4)聘请有丰富深度访谈经验并对翡翠有一定了解的访问员,保证深度访谈的质量。

(5)每完成一份深度访谈,经复核员复核后再由研究人员审核,发现问题及时补问。

(6)严格控制,按计划完成样本量。

(7)所有深度访谈问卷百分之百复核。



问题讨论:项目实施报告的作用是什么?包括哪些内容?

______________________________________________

______________________________________________

______________________________________________

______________________________________________

### 2.4.2 知识链接

项目实施报告内容

项目实施报告是对项目实施情况的一个综合介绍,便于项目委托方了解项目的实际实施情况,了解数据采集的方法、过程和质量控制情况。项目实施报告是项目委托方评价项目质量的一个重要部分。项目实施报告主要包括以下内容:

(1)项目简介

主要介绍项目委托方、项目调查目的、项目调查方法等,便于项目实施人员了解项目情况。

(2)项目进程

介绍项目实施的整个过程。主要包括项目执行方法、执行地点及调查对象、项目人员安排、项目进度及项目完成情况。

(3)质量控制

介绍项目实施过程中的质量控制措施执行情况,重点是项目实施中出现的问题及应对方法。应尽量具体、客观。

### 2.4.3 能力训练

能力训练：撰写实地实施报告，报告要求及评分标准：

| | |
|---|---|
| 质量控制有效 | 45% |
| 进度、人员安排合理 | 25% |
| 按计划书要求完成 | 20% |
| 结构完整，格式正确 | 10% |

# 工作任务3　钻石市场竞争调查数据分析

## 任务目标与要求

- 能够准确完成数据录入及分析
- 能够根据数据分析结果撰写数据报告

## 任务实施

### 3.1 案例解析

**【案例 3-1】** 深圳翡翠市场调查深度访谈报告

祥和珠宝的深度访谈报告

详细记录每个问题的访谈内容，进行加工整理

1. 现在翡翠市场行业发展正处于一个什么样的现状？

20 世纪 90 年代翡翠主要销售到台湾、香港、新加坡，但现在因内地的翡翠市场越来越大，则转为主要销售到内地。而随着国家发展加快、人们生活水平提高，消费者喜欢购买翡翠来作投资。这是因翡翠的投资回报大，不管投资的大小都有回报，有百分之百的发展空间。

2. 现在的翡翠价格发展到了一个什么样的地步？

翡翠市场这几年比较好，政府比较重视，翡翠价格年年上升，每年几乎涨到 20%～

30%。甚至，回收的翡翠价格是以前销售时的价格的几倍。再加上政府的重视，所以销售商喜欢购买好的翡翠来收藏。

3. 祥和珠宝的经营手段和方式

祥和珠宝在云南边界购买走私翡翠（缅甸走私出来的石头，在中国购买同样要交税，是合法的），由自己公司设计、切工、打磨等，在各分店进行销售。

曾举行过“千元珠宝1元拍”的祥和珠宝有一个吸引顾客的承诺：假一赔十，只做天然的。超过1万元的翡翠，三年包换，同等价格的翡翠购买后一年，不喜欢则可以退。例如10万元的翡翠，一年以后则可以以11万的价格退回。



4. 祥和珠宝的最新动态

(1)元旦正式挂牌成立公司。

(2)出书介绍祥和珠宝。

(3)接受宝玉石协会的杂志社的采访。

(4)从广告、宣传等方面来包装自己。

问题讨论：翡翠市场调查深度访谈报告的内容与该项目的计划书一致性如何？

______________________________

______________________________

______________________________

______________________________

## 3.2 知识链接

定性分析即是对资料的质的规定性做整体的分析，除了要运用一些哲学的观点和方法（如辩证唯物主义和历史唯物主义、分析哲学、现象学、解释学等）外，主要使用诸如比较、归纳、演绎、分析、综合等逻辑方法。同时还要求对分析结果的信度、效度和客观度等可靠性指标进行检验和评价。

(1)归纳分析法

根据某类事物中的每一对象都具有或不具有某种属性，从而概括出该类事物的全部对象都具有或不具有这种属性。如：某次调查中被访者都表示结婚会购买钻石戒指，则得出结论，结婚购买钻戒已被人们普遍接受。

(2)演绎分析法

把调查资料的整体分解成各个部分，形成分类资料，并通过对这些资料的调查分别把握其特征和本质，再把分类调查的认识连接起来。例如：在珠宝首饰消费者调研中，按年龄进行分组，分别调查不同年龄组的特征。

(3)比较分析法

将两类事物的资料进行对比，比较他们的相同点和不同点。例如：比较男性消费者和女性消费者的珠宝首饰消费心理。

(4)结构分析法

任何事物都是由几个部分、方面和因素组成的，这种相对稳定的联系称之为结构。通过调查资料分析某种现象的结构及其各组成部分的功能，进而认识现象的本质。如：珠宝首饰的购买决策因素有很多，如价格、款式、质量等。

### 3.3 能力训练

能力训练：完成座谈会报告、深度访谈报告，报告要求及评分标准：

| | |
|---|---|
| 结构完整 | 15% |
| 思路清晰，逻辑严谨 | 25% |
| 数据详实，分析深入 | 45% |
| 文字规范简洁 | 15% |

## 工作任务4 撰写钻石市场竞争调查报告

### 任务目标与要求

- 能够根据项目实施报告、数据报告撰写钻石市场竞争调查报告
- 能够完成项目口头报告
- 能够完成项目总结

### 任务实施

### 4.1 案例解析

**【案例4-1】** 深圳翡翠市场调查报告(节选)

## 深圳翡翠市场研究报告

标题页。点明报告的主题、委托客户名称、市场调查机构名称和报告日期

委托方:深圳××珠宝首饰有限公司

受托方:MSC 市场调研公司

时间:2007 年 12 月

目录将调查报告的内容大纲按其出现顺序准确列出，标明页码

目　　录



## 项目实施报告

一、研究目的

1. 了解深圳翡翠竞争市场现状

2. 了解深圳翡翠市场主要竞争对手

介绍项目实施情况，事关数据的真实性，非常重要

二、研究方法

1. 竞争研究

(1)调查区域:深圳。

(2)调查对象:珠宝公司(经营翡翠)高级市场管理人员(经理级以上)。

(3)样本量:6 个。

(4)调查方法:深度访谈。

2. 原料市场的研究

(1)调查对象:广东翡翠市场。

(2)调查方式:文案调查。

实际描述项目执行情况

三、项目进程

| | |
|---|---|
| 执行方式 | 文案调查、深度访谈 |
| 执行地区及访谈对象 | 深圳祥和珠宝、周大生珠宝、深圳大笨钟珠宝、深圳百爵珠宝、金大福珠宝、深圳百仕雅珠宝 |
| 项目督导 | 薛江轶 |
| 项目培训 | 张　薇 |

续上表

| | | | | |
|---|---|---|---|---|
| 人员安排 | 访问员 | 共10名 | | |
| | 审卷员 | 张海燕 | 复核员 | 张文方 |
| 执行进度 | 11月18日<br>11月19日～11月27日<br>11月26日～11月28日<br>11月18日～11月28日 | | 访问员培训<br>深度访谈<br>复核<br>文案调查 | |
| 项目完成情况 | 由于深度访谈的对象要求较高，必须为公司总经理或相关部门经理，因此在预约对象上有一定的难度。我们挑选有经验的访问员，通过各种手段，利用各种社会关系，使项目得以顺利完成 | | | |

描述质量控制措施及实施过程中出现的问题及解决方法

四、质量控制

(1)成立项目小组，包括研究人员、执行人员、质控人员、数据处理人员，实行项目经理负责制。

(2)所有项目参加人员都需经过项目相关培训。

(3)每个深度访谈均安排一名督导负责监督，每天提供项目日进度报告。

(4)聘请有丰富深度访谈经验并对翡翠有一定了解的访问员，保证深度访谈的质量。

(5)每完成一份深度访谈，经复核员复核后再由研究人员审核，发现问题及时补问。

(6)严格控制，按计划完成样本量。

(7)所有深度访谈问卷百分之百复核。

## 数据分析

一、翡翠原料市场报告

中国目前已成为全球最大的翡翠玉石贸易加工中心，同时也是最大的翡翠消费市场，国内翡翠玉石加工贸易多集中在广东。广东是中国改革开放经济发展最快、发展水平最高的发达省份，以广州为中心，省内分布有揭阳阳美翡翠市场、南海平洲翡翠市场、四会翡翠市场，并同时拥有多个翡翠加工基地和中国翡翠最多最大的翡翠原料集散地，拥有全国仅有的两个翡翠原料和赌石拍卖市场(平洲和揭阳)。

1. 市场现状

广东近几年加工翡翠玉石的产量约占全国六成多，每年加工翡翠原料占全国的60%以上，近4千吨，加工人员近百万人。翡翠成品销售占全国70%左右，达百亿元以上，翡翠成品辐射全国(包括港澳台)和全世界(含翡翠原料产地国缅甸)。广东不仅具有地理优势，在政府的宏观指导和大力支持下，更重要的是翡翠行业具有系统的完整的产业链，还有相对较完善的翡翠市场体系和机制。因此被公认是中国翡翠之都。

广东多个翡翠市场之间，既有密切关系，又有各自的市场风格和特点。

(1)四会翡翠市场

广东肇庆四会是国内翡翠最重要的花件及低档翡翠的加工交易中心。四会市的玉器加工由来已久。早在20世纪初，一些四会人外出到东南亚、香港、广州等地从事玉器雕刻，到20世纪80年代后期，四会市初步形成了独具特色的玉器加工行业。

到目前为止，全市年加工玉料1 000多吨，年产值8亿多元，年销售额7亿多元。全市玉器商铺800多家，玉器加工厂(场)300多家，家庭作坊式加工场2 500多家，从业人员达6万多人。四会市玉器加工以家庭作坊为主，原料多是加工手镯后的碎料和适合做大型雕件的原料。

一直以来，四会市各级党委、政府对玉器加工行业都十分重视。1995年，市政府在城区专门规划建设了一条长达3 000多米、容纳600多个销售铺位的玉器街。1998年，又建设了上规模的"四会玉器城"，将玉器街与玉器城连成一体，使其形成了一个繁华的玉器专业市场，2003年，四会市被国家正式授予"中国玉器之乡"的称号。四会市还有一个著名的"天光墟"交易市场，每天凌晨4点多开业到10点多关门。目前常驻商户有2 500多家，每天有来自全国各地的近万名客商在天光墟市场交易。7点到8点是天光墟人最多的时候，交易的主要品种是价格在几十到几百元的翡翠半成品。

(2)平洲翡翠市场

位于广东南海市平洲平东村内的平洲玉器市场，自发形成于20世纪70年代初，经过30多年的培育，已发展成为了中国的四大玉器市场之一。现有玉器厂商500多家，从业人员6 000多人，以生产中低档手镯为主，也有耳扣、怀古、珠链、戒指、戒面、桃心等光身件。近年由于平洲交通便捷，又邻近广州玉器街这个全国最大的玉器集散地，很多香港、台湾、广州、罗定、四会、信宜的同行纷纷到平洲开设加工厂，有力地推动了平洲玉器制造与流通的进一步繁荣。

平洲翡翠市场的主要优势条件有：

■ 缅甸几家实力雄厚的大公司，直接把翡翠原料运至平洲销售。

■ 平洲周边加工基地年需求量超过3 000吨，年增长20%以上。

■ 平洲本地因外地省份许多厂家搬到本地，进一步加大了本地加工力量和扩大对原料的需求。

■ 老种、老坑种高档原料比例在增加，极大地吸引了揭阳、广州、香港、澳门、台湾、上海等地大商家、大工厂前来买赌料。

■ 平洲市场每年销售额超十亿元，目前还在增长。

综合以上可知，平洲市场将成为全国最大的翡翠市场——广东市场的一个不可缺少的重要支柱和基地，并越来越受到缅甸原料商的关注。

2. 市场发展趋势

翡翠原材料价格近几年以每年30%的速度增长，翡翠因其唯一性和稀有性成为珠宝市场的新宠。翡翠主要产于缅甸，但主要市场却在中国，翡翠原料近几年面对几个问题：

(1)缅甸是世界上唯一出产翡翠的国家，经过几百年的挖掘，矿产资源日益枯竭，所产原料的质量也远不如以前。

(2)缅甸政府和军方屡屡提高矿区开采的投标价格,并缩短开采年限。

(3)翡翠的原材料有多个品种。每个品种好的材料不多,价格也在上涨,翡翠中比较少见的也是高价值的翡翠。

(4)市场上中档到低档的较多,而市场出现新的需求,中国对中高档翡翠的需求增加了10倍。

翡翠市场供不应求,价格自然会上涨。另外,由于人们对翡翠的不了解,容易和其他玉石混在一起。这就给无良的商贩有机可乘,假货满天飞。俗话说"黄金有价玉无价",翡翠价格很不透明,好的原料可以是天价。

综合以上,我们得出以下结论:

(1)翡翠价格不断上涨是必然趋势。

(2)翡翠有太多的仿冒品,导致翡翠行业的风险增加。

(3)翡翠的原材料供小于求,所以经营翡翠的风险会比较大。

问题讨论:珠宝市场调查报告应包括哪些内容?怎样进行数据描述和分析?

______________________________________________

______________________________________________

______________________________________________

______________________________________________

## 4.2 知识链接

调查报告是整个调查工作,包括计划、实施、收集、整理等一系列过程的总结,是调查人员劳动与智慧的结晶,也是客户需要的最重要的书面结果之一。它是一种沟通、交流的形式,其目的是将调查结果、战略性的建议以及其他结果传递给管理人员或其他担任专门职务的人员。因此,认真撰写调查报告,准确分析调查结果,明确给出调查结论,是报告撰写者的责任。

(1)调查报告的结构和内容

1)题页

题页点明报告的主题,包括委托客户的单位名称、市场调查的单位名称和报告日期。调查报告的题目应尽可能贴切,概括地表明调查项目的性质。

2)目录表

目录表将调研报告的内容大纲按其出现的情况准确地列出,并标明页码。

3)概要

这是整个报告的核心,应简短、切中要害,使阅读者既可以从中大致了解调查的结果,又可从后面的正文中获取更多的信息。

4)正文(主体部分)

正文包括整个市场调查的详细内容,主要有项目实施情况、调查结果、结论和建议、局限性等。

■ 项目实施情况

主要介绍项目的调查方法、实地实施过程、质量控制措施等。这部分内容是市场调查客户最为关注的,因为它直接影响到市场调查数据的真实性和准确性。

■ 调查结果

调查结果是正文中最长的一部分,一般由几个章节组成。这部分内容要紧紧围绕所调查的内容,按照逻辑顺序来安排。很多时候是用数字、表格来进行说明、解释和分析,要用最准确、恰当的语句对分析作出描述,结构要严谨,推理要有一定的逻辑性。

■ 局限性

在正文部分,一般必不可少地要对自己在调查中出现的不足之处,说明清楚,不能含糊其辞。必要的情况下,还需将不足之处对调查报告的准确性有多大程度的影响分析清楚,以提高整个市场调查活动的可信度。

■ 结论和建议

正文的最后部分是结论和建议。根据调查结果总结出结论,并结合企业或客户情况提出其所面临的优势与困难,提出解决方法,即建议。建议应该是合理、实用、可行的,建议部分是市场调查客户最关心的内容之一。

5)附件

附件内容包括一些过于复杂、专业性的内容,通常将调查问卷、抽样名单、地址表、地图、统计检验计算结果、表格、制图等作为附件内容,每一内容均需编号,以便查寻。

(2)口头报告

在很多情况下,需要将市场调查报告的结果向委托方作口头报告,可以帮助委托方迅速掌握和理解书面报告并认可书面报告。同时,可针对委托方提出的问题做及时解答。

1)口头报告的特点

■ 能用较短的时间说明所调查的问题。

■ 生动、具有感染力,容易留下深刻的印象。

■ 可以与委托方现场交流,便于沟通。

■ 具有灵活性,可根据具体情况对报告内容、时间作出必要的调整。

2)口头报告注意事项

■ 按照书面报告的格式和内容准备详细的提纲,制作 PPT。

■ 尽量借助图表来说明问题。

■ 语言简洁明了、通俗易懂。

■ 准备充分,自信。

## 4.3 能力训练

能力训练(1):完成钻石市场竞争调查报告,报告要求及评分标准:

| | |
|---|---|
| 结构完整 | 15% |
| 思路清晰,逻辑严谨 | 25% |
| 数据详实,分析深入 | 45% |
| 文字规范简洁 | 15% |

能力训练(2):完成钻石市场竞争调查项目总结,内容要求及评分标准:

| | |
|---|---|
| 项目完成情况 | 30% |
| 项目管理的不足和改进建议 | 40% |
| 项目心得体会 | 30% |

# 项目二　彩色宝石市场调查

## 项目简介

近年来国内彩色宝石逐渐升温，受到越来越多消费者的亲睐。尤其是北京、上海、广州、深圳等经济发达城市。

××珠宝是一家欧洲珠宝公司，主营彩色宝石（祖母绿、欧泊等）首饰。已在北京、上海、广州开设品牌旗舰店。××珠宝现欲进入深圳市场设立专卖店，开拓彩色宝石市场，急需通过市场调查了解深圳彩色宝石的相关市场状况。

## 项目目标与要求

- 会根据彩色宝石市场调查需求撰写彩色宝石市场调查计划书
- 能够根据计划书设计调查问卷、访谈提纲，制定项目实施方案
- 能够按实施方案完成数据采集，确保数据真实，撰写项目实施报告
- 会使用频数分析、相关分析等方法进行数据分析，撰写数据报告
- 能够根据项目实施报告、数据报告撰写彩色宝石市场调查报告

## 项目工作任务

- 制定彩色宝石市场调查计划书
- 彩色宝石市场调查实施
- 彩色宝石市场调查数据分析
- 撰写彩色宝石市场调查报告

# 工作任务5　制定彩色宝石市场调查计划书

## 任务目标与要求

- 能够根据项目要求确定彩色宝石市场调查内容
- 能够准确选择调查方法
- 能够制定彩色宝石市场调查计划书
- 能够根据计划书设计问卷/访谈提纲

## 任务实施

### 5.1　确定彩色宝石市场调查内容

#### 5.1.1　案例解析

**【案例5-1】**　深圳彩色宝石市场调查计划书(节选)

前　　言

人类有着喜爱色彩的天性,国际上彩色宝石已经相当流行。随着消费者个性化消费需求日益增加,以及受国际时尚流行趋势的影响,在无色钻石流行数十年之后,彩色宝石在我国市场上销量逐渐上升,长期由黄金、白玉、翡翠即"黄白绿"三色主导高端市场的格局开始发生变化。近几年来,在珠宝市场上也开始出现了彩色宝石,以其漂亮的颜色、夸张的设计、豪华的镶嵌冲击着人们的视野。深圳作为中国珠宝业的龙头,珠宝品牌众多,为了能够了解深圳的彩色宝石市场,受某珠宝公司委托,Tough市场调研公司对深圳彩色宝石市场进行了相关市场调研。

一、调查目的

1. 针对新产品,测试消费者对彩色宝石的认知程度
2. 了解消费者对彩色宝石的使用及态度
3. 彩色宝石的价格测试
4. 了解消费者彩色宝石的购买可能性及消费者喜欢的促销方式

与客户沟通确定调查目的,进一步具体化

根据调研目的确定彩色宝石调查内容，内容要与目的一致

二、研究内容

1. 消费者对彩色宝石(红宝石、蓝宝石、祖母绿以及欧泊)的认知程度

2. 消费者彩色宝石的购买及使用情况(购买目的、途径、数量、种类、使用场合、使用频率等)

3. 彩色宝石的价格测试(心理价位、可接受最高价位和最低价位以及不可接受价位)

4. 消费者彩色宝石购买预期

5. 消费者喜欢的促销方式



问题讨论：彩色宝石市场调查的常见目的有哪些？主要内容有哪些？

______________________________

______________________________

______________________________

### 5.1.2 知识链接

彩色宝石市场调查主要内容：

(1)产品概念测试

将初步设定好的一个产品概念或几个可以替代的产品概念，展示于目标消费者面前，并获取其反映。在进行产品概念测试时，通常用文字或图片来描述产品概念。通常一个完整的产品概念由消费者观点、产品利益点等组成。

(2)产品使用及态度

1)是否有使用经验

2)使用产品及品牌名称

3)产品拥有量

4)使用场合

5)使用频度或次数

(3)产品价格测试

1)现有价格测试

2)理想价格

3)可接受最高价格

4)可接受最低价格

(4)产品购买可能性测试

1)在研究时段内是否有购买计划

2)预定购买的产品或品牌名称

3)购买预算

预定购买量

预定购买场所

(5)品牌测试

1)品牌认知度

2)品牌的认知途径

3)品牌的使用、购买习惯及态度

4)品牌美誉度

5)品牌联想

(6)产品促销方式评价

消费者喜欢的促销方式

### 5.1.3 能力训练

能力训练(1):根据项目要求确定彩色宝石市场调查目的

彩色宝石市场调查目的:

________________________________________

________________________________________

________________________________________

________________________________________

________________________________________

能力训练(2):根据项目调查目的确定调查内容

彩色宝石市场调查内容:

________________________________________

________________________________________

________________________________________

________________________________________

________________________________________

________________________________________

## 5.2 确定调查方法

### 5.2.1 案例解析

**【案例 5-2】** 深圳彩色宝石市场调查计划书(节选)

**前　　言**

人类有着喜爱色彩的天性,国际上彩色宝石已经相当流行。随着消费者个性化消费需求日益增加,以及受国际时尚流行趋势的影响,在无色钻石流行数十年之后,彩色宝石在我国市场上销量逐渐上升,长期由黄金、白玉、翡翠即“黄白绿”三色主导高端市场的格局开始发生变化。近几年来,在珠宝市场上也开始出现了彩色宝石,以其漂亮的颜色、夸张的设计、豪华的镶嵌冲击着人们的视野。深圳作为中国珠宝业的龙头,珠宝品牌众多,为了能够了解深圳的彩色宝石市场,受某珠宝公司委托,Tough 市场调研公司对深圳彩色宝石市场进行了相关市场调研。

一、调查目的

(1)针对新产品,测试消费者对彩色宝石的认知程度。

(2)了解消费者对彩色宝石的使用及态度。

(3)彩色宝石的价格测试。

(4)了解消费者彩色宝石的购买可能性及消费者喜欢的促销方式。

二、研究内容

(1)消费者对彩色宝石(红宝石、蓝宝石、祖母绿以及欧泊)的认知程度。

(2)消费者彩色宝石的购买及使用情况(购买目的、途径、数量、种类、使用场合、频率等)。

(3)彩色宝石的价格测试(心理价位、可接受最高价位和最低价位以及不可接受价位)。

(4)消费者彩色宝石购买预期。

(5)消费者喜欢的促销方式。

三、研究方法

根据本调研的特点,本次调查主要采用定量方法,以结构式问卷形式进行调查。

(1)调查方法:拦截访问。

(2)抽样方法:便利抽样。

(3)样本量:根据置信度与误差的要求及统计分析的需要,样本量设计为300个。

根据调查目的及内容确定调查方法,包括访问方法、抽样方法、样本量、数据分析方法等

### 5.2.2 知识链接

(1)定量研究方法

定量研究在原理和方法上和定性研究有着明显的不同,定性研究回答“为什么”的问题,而定量研究回答“有多少”的问题。定量研究方法主要有以下几种:

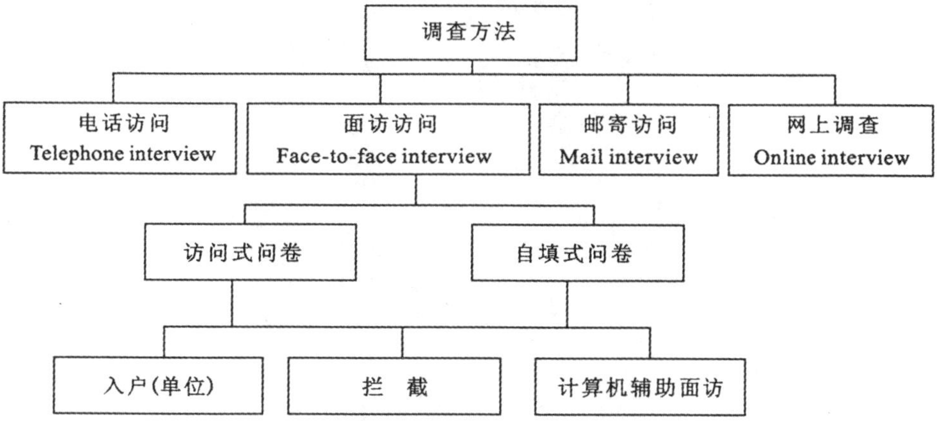


1)入户访问

入户访问是指由访问员对于按照科学抽样方法抽到的样本逐户进行访问,访问地点在被访者家中,一般要按问卷随机表进行抽样选择家庭中具体的被访者。另外,访问员要

严格按照问卷要求，依题目顺序向被访者询问，访问员同时作记录。入户访问是目前被广泛运用的数据收集方法之一。

优点：容易建立访问员与被访者之间的信任和合作关系，容易询问一些较敏感问题；可以使用辅助工具进行访问，如卡片、图片、样品等；可以避免被访者有意的漏答现象；减少被访者因不理解题意而随意作答；访问员可以在询问过程中观察受访者的表情、姿态等非语言行为，借此来判断受访者回答的真实性。

缺点：运作费用大；对访问员的访问过程的控制较为困难；询问出现偏见；拒访率高。

2)街头访问

分为街头定点访问和街头拦截访问两种形式。街访是目前被广泛运用的另一种数据收集方法。

优点：运作费用相对入户访问节省；避免入户的困难；便于现场监控。

缺点：抽样代表性不强；拒访率比较高；不适合太复杂或不能公开问题的调查。

街头定点拦访

街头不定点拦访

3)电话访问

电话访问是一种由访问员通过电话向被访者进行访问的资料收集方法。

优点:节省经费;节省时间;抽样简单;易于控制;更容易接触到一般被访者;容易访问到入户访问所访问不到的社会经济地位高的人。

缺点:抽样代表性不强;拒访率高;无法较好地判断被访者作答的真实性;问卷长度受到限制。

(2)抽样方法

抽样调查为科学研究方法中重要技术之一,是指就所要研究的某特定现象之总体中,依随机原理抽取一部分作为样本(Sample),作为研究总体(Population)之依据。根据样本研究结果推算总体可能特性,作为决策之参考。抽样方法可分为两大类:随机抽样和非随机抽样。

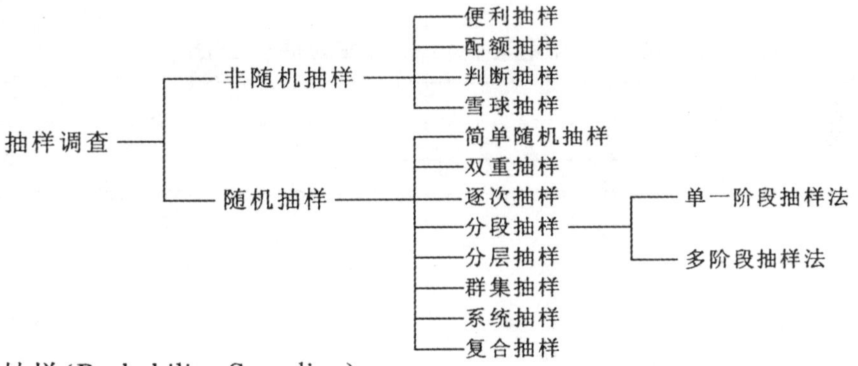


1)随机抽样(Probability-Sampling)

即在抽样时,总体中每一个抽样单位被选为样本的机率相同,主要有以下几种:

①简单随机抽样(Simple random Sampling),也叫纯随机抽样。就是从总体中不加任何分组、划类、排队等,完全随机地抽取调查单位。特点是:每个样本单位被抽中的概率相等,样本的每个单位完全独立,彼此间无一定的关联性和排斥性。简单随机抽样是其他各种抽样形式的基础。通常只是在总体单位之间差异程度较小和数目较少时,才采用这种方法。

②系统抽样(Systematic Sampling),又称等距抽样或机械抽样,就是将总体各单位按一定顺序排列起来,然后按一定间隔来抽取样本单位。将总体的每个单位加以编号,先计算样本区隔,在 1～N/n 间随机选出一个号码作为第一个样本单位,依定距循序抽出样本。

2)非随机抽样(Non Probability-Sampling)

在抽样时,抽样单位被选为样本的机率为不可知,主要有以下几种:

①便利抽样(Convenience Sampling),是根据调查者的方便与否来抽取样本的一种抽样方法,如采取"街头拦人法",即在街上任意找某个行人作为被调查者进行调查。

②判断抽样(Judgement Sampling),是凭调查人员的主观意愿、经验和知识,从总体中选择具有典型代表性样本作为调查对象的一种抽样方法。应用这种方法的前提是调查者必须对总体的有关特征有相当深入的了解。

③配额抽样(Quota Sampling),是非随机抽样中最流行的一种,首先将总体中的所有单位按一定的标志分为若干类(组),然后在每个类(组)中用便利抽样或判断抽样方法选取样本单位。如某消费者调查样本量为 200 个,按性别进行分类,分别确定了样本配额,男性 50 个,女性 150 个。

### 5.2.3 能力训练

能力训练(1):根据项目调查内容确定调查方法

调查方法:______

调查对象:______

样本量:______

数据分析方法:______

能力训练(2):根据项目要求确定彩色宝石调查的抽样方法

彩色宝石调查抽样方法:______

______

**延伸阅读**

## 抽样调查的基本术语

(1)总体(Population)

在调查研究中,调查研究对象的集合体称为总体。例如,调查深圳彩色宝石消费者,则深圳市所有的彩色宝石消费者便是调查研究的总体。

(2)抽样框(Sampling frame)

指供抽样所用的所有调查单位的详细名单。如果以学校班级为抽样单位,则学校班级名册便是抽样框。

(3)抽样单位(Sampling unit)

在抽样框上排列名单的个别单位。例如在上例中,每一个班级都是抽样单位。

(4)元素( Element)

指接受调查的最小单位,通常是指人。上例中,班上每一位学生即为元素。

(5)样本(Sample)

从抽样框中抽取出来的抽样单位总和。例如从深圳市福田区抽出 350 个家庭做测试,这些被抽出的家庭就称为样本。

(6)置信度(Confidence level)

置信度也称为置信水平、置信系数,即根据抽样对总体参数作出估计时,由于样本的随机性,其结论总是不确定的。因此,采用一种概率的陈述方法,即估计值与总体参数在一定允许的误差范围以内,其相应的概率有多大,这个相应的概率称作置信度。

(7)抽样误差(Sampling error)

因为抽样时样本可能会偏离总体,其间的差距称为抽样误差。抽样误差可用统计方法估计。

(8)样本量(Sample size)

从总体中抽取的样本元素的总个数。在简单随机抽样的条件下,样本量的计算公式为:

$$n=\frac{Z^2\sigma^2}{d^2}$$

式中:$n$:代表所需要样本量。

$Z$:置信水平的 Z 统计量,如 95%置信水平的 Z 统计量为 1.96,99%的 Z 为 2.68。

$\sigma$:总体的标准差,一般取 0.5。

$d$:置信区间的 1/2,在实际应用中就是允许误差,或者调查误差。例如,在 95%置信水平下不同误差对应的样本量如下表所示:

| 误差 | 1% | 2% | 3% | 4% | 5% | 10% |
|---|---|---|---|---|---|---|
| 样本量 | 9 604 | 2 401 | 1 067 | 600 | 384 | 96 |

## 5.3 制定计划书

### 5.3.1 案例解析

**【案例 5-3】** 深圳彩色宝石调查计划书(节选)

深圳彩色宝石调查计划书

委托方:深圳××珠宝公司

计划书扉页包括标题、委托方、受托方和时间等

受托方:Tough 市场调研公司

时间:2009 年 12 月 2 日

目录便于客户阅读

目　录

交待彩色宝石市场调查背景，主要调查目的

## 前　　言

人类有着喜爱色彩的天性，国际上彩色宝石已经相当流行。随着消费者个性化消费需求日益增加，以及受国际时尚流行趋势的影响，在无色钻石流行数十年之后，彩色宝石在我国市场上销量逐渐上升，长期由黄金、白玉、翡翠即“黄白绿”三色主导高端市场的格局开始发生变化。近几年来，在珠宝市场上也开始出现了彩色宝石，以其漂亮的颜色、夸张的设计、豪华的镶嵌冲击着人们的视野。深圳作为中国珠宝业的龙头，珠宝品牌众多，为了能够了解深圳的彩色宝石市场，受某珠宝公司委托，Tough 市场调研公司对深圳彩色宝石市场进行了相关市场调研。

一、调查目的

(1)针对新产品，测试消费者对彩色宝石的认知程度。

(2)了解消费者对彩色宝石的使用及态度。

(3)彩色宝石的价格测试。

(4)了解消费者彩色宝石的购买可能性及消费者喜欢的促销方式。

二、研究内容

(1)消费者对彩色宝石(红宝石、蓝宝石、祖母绿以及欧泊)的认知程度。

(2)消费者彩色宝石的购买及使用情况(购买目的、途径、数量、种类、使用场合、频率等)。

(3)彩色宝石的价格测试(心理价位、可接受最高价位和最低价位以及不可接受价位)。

(4)消费者彩色宝石购买预期。

(5)消费者喜欢的促销方式。

三、研究方法

根据本调研的特点，本次调查主要采用定量方法，以结构式问卷形式进行调查。

(1)调查方法：拦截访问。

(2)抽样方法：便利抽样。

(3)样本量：根据置信度与误差的要求及统计分析的需要，样本量设计为 300 个。

(4)调查对象：珠宝消费的现实消费者和潜在消费者。年龄在 18～45 岁之间；非珠宝业内人员；非新闻媒体及记者；非市场调研者。

四、质量控制

样本甄别去除特殊样本

为了确保数据的准确性，我们成立了一个专门的小组对样本质量进行监督，确保数据的准确、客观。

(1)现场督导：负责实地监督整个项目，审核完成问卷是否完整，有无遗漏，可否补救；了解每天访问中出现的问题并及时解决；了解并控制整个项目的调查进度，监督礼品发放。

(2)日进度表：我们对每天的工作进度进行小组核查、审改，并随时与客户进行密切地沟通。

(3)问卷复核：问卷经三层复核，抽样复核比例≥30%，有效复核率≥80%，问卷合格率≥90%，复核一致率≥80%。

(4)数据录入方式：采用双录入的形式，避免录入错误。

制定切实可行的质量控制措施

五、项目进度

本项目自合同签订之日算起共需28天（含节假日），项目具体进度如下表所示：

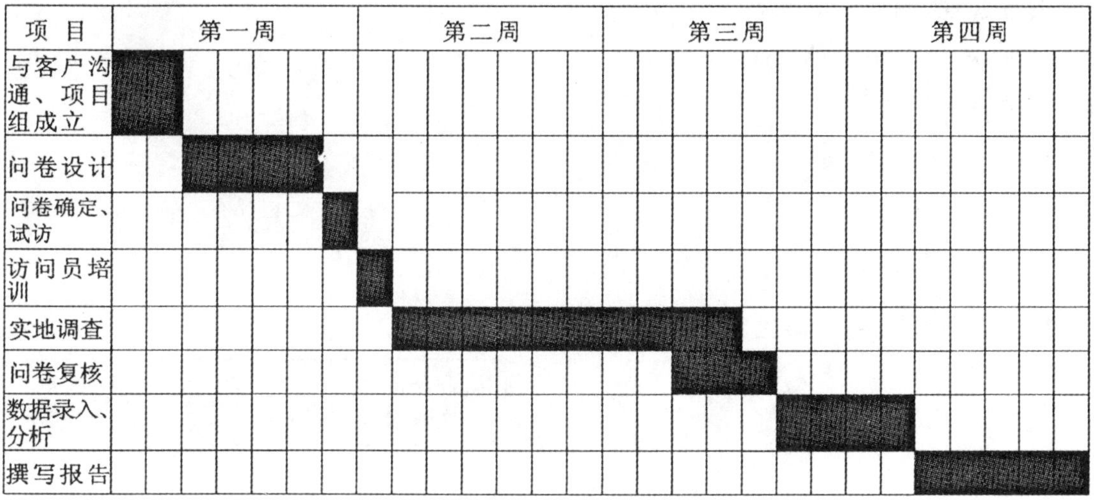


进度安排要充分考虑到实地实施的时间，合理安排

六、项目预算

一般将费用分摊至每个样本，按样本报价

1. 项目研究费用

本项目的研究费用共计18 000元。拦截访问中，每个样本60元，共300个样本。

费用说明：上述报价主要包括方案设计、资料和数据的购买、礼品费、访问员劳务费、数据处理、研究分析及报告撰写的费用。

2. 付款方式

项目确认、双方签定合同之日委托方预付全部费用的50%，研究报告经委托方验收通过后于一周内(7天)付清余下费用。

七、研究人员

项目经理：林丹婷

研究人员：姚瑶、罗佳佳

督导：韦玲静

数据统计：梁楚瑶

### 5.3.2 能力训练

能力训练：完成深圳彩色宝石调查计划书，计划书要求及评分标准：

| | |
|---|---|
| 结构完整 | 15% |
| 目的明确 | 25% |
| 内容合理、调查方法准确 | 35% |
| 进度、人员安排合理 | 15% |
| 文字规范简洁 | 10% |

## 5.4 设计问卷

### 5.4.1 案例解析

**【案例5-4】** 深圳彩色宝石调查问卷

> 前言部分向被访者简单介绍问卷内容，征得被访者同意

**深圳彩色宝石调查问卷**

尊敬的女士/先生：

您好！感谢您在百忙之中填写以下资料，我们调查的目的是想了解您珠宝首饰消费的情况。能够得到您的协助，我们表示由衷的感谢！

甄别问题：

> 甄别问题剔除不符合访问条件的被访者

S1. 您的年龄是：

A. 18岁以下以及45岁以上(结束访问)

B. 18～45岁(继续问卷)

S2. 您或您的家人属于以下哪种情况：

A. 珠宝业内人员　　B. 新闻媒体及记者　　C. 市场调研人员　　D. 以上都不是

(答A、B、C结束问卷，答D继续问卷)

1. 请问您是否拥有彩色宝石首饰？

A. 是　　　　　　　　B. 否(跳至第 5 题)

> 调查问题应与计划书一致，涵盖所有调查内容

2. 请问您目前拥有的彩色宝石首饰是以下哪种？(可多选)

A. 红宝石　B. 蓝宝石　C. 祖母绿　D. 欧泊　E. 水晶　F. 其他______(请注明)

3. 请问您对以上几类彩色宝石的喜好程度？

A. 喜欢　B. 一般　C. 不喜欢

> 应先询问是否购买过彩色宝石

4. 请问您是通过什么途径购买彩色宝石首饰？

A. 大型购物百货公司　B. 专卖店　C. 小型店面　D. 网上购买　E. 电视购物

F. 其他____(请注明)

5. 请问您可以接受彩色宝石首饰的最高价位是多少？

A. 低于 2 000　B. 2 001～3 000　C. 3 001～4 000　D. 4 001～5 000　E. 5 001 以上

6. 请问您可以接受彩色宝石首饰的最低价位是多少？

A. 低于 2 000　B. 2 001～3 000　C. 3 001～4 000　D. 4 001～5 000　E. 5 001 以上

7. 请问您对彩色宝石首饰的理想价位是多少？

A. 低于 2 000　B. 2 001～3 000　C. 3 001～4 000　D. 4 001～5 000　E. 5 001 以上

8. 您通常购买首饰的目的是？(可多选)

A. 佩带装饰　B. 保值收藏　C. 保健　D. 用于馈赠　E. 其他______(请注明)

9. 请问您喜欢以下哪种促销方式？(可多选)

A. 打折　B. 附送赠品　C. 抽奖　D. 分期付款　E. 积分换购赠品

F. 其他______(请注明)

10. 请问您或您的家人是否有计划购买彩色宝石首饰？

A. 有　B. 没有　C. 不确定

**请填写您的资料，我们只作为数据分析统计，绝对保密！谢谢合作！**

1. 您的性别：

A. 男　B. 女

> 此部分涉及被访者个人信息，应放在最后，不宜采用开放题形式

2. 您的平均月收入：

A. 低于 1 000　B. 1 001～3 000　C. 3 001～5 000　D. 5 001 以上

3. 您的职业为：

A. 学生　B. 私营业主　C. 公务员、事业单位　D. 公司职员

E. 其他______(请注明)

4. 您的文化程度：

A. 初中以下　B. 中专或技校　C. 高中　D. 本科或大专　E. 大学

F. 大学以上

> 本科与大学重复

谢谢您的参与！

被访者：　　　　　　　　　　　　　　　　　　访问时间：

联系方式：　　　　　　　　　　　　　　　　　访问地点：

访问员：　　　　　　　　　　　　　　　　　　督导：

结束语部分主要记录相关访问信息，便于问卷审核和复核工作



### 5.4.2 知识链接

调查问卷

(1)问卷的结构

调查问卷的结构一般包括标题、前言、正文、结束语及附录资料等。

1)标题：概括性地说明调查的主题，使被调查者对所要回答的问题有一个大致的了解。确定标题应简明扼要、准确醒目，易于引起被调查者的兴趣。

2)前言：一般放于标题之后。以调查机构及访问员的身份向被调查者说明调查的目的和意义。前言是调查者和被调查者沟通的桥梁，因此，写好前言是问卷调查取得成功的保证之一。

3)正文：调查题目及其选项。是调查者所要了解的基本内容，也是调查问卷中最重要的部分，内容设计的好坏直接影响到调查的结果。

4)结束语：问卷的最后附上调查者的姓名及访问时间、地点等，还有被访者的姓名、电话等，便于问卷复核。

(2)问卷设计的方法

1)二项选择法(又称是否法、真伪法)

例：您是否购买过珠宝首饰？

A. 是　　　　B. 否

2)单项选择法

例：请问您在未来的半年内有购买珠宝首饰的打算吗？

A. 有　　　B. 不清楚　　　C. 没有

3)多项选择法

例：您购买珠宝首饰是因为(　)：

A. 装饰　B. 纪念　C. 收藏　D. 送礼　E. 投资　F. 其他____(请注明)

4)程度尺度法

通常用“很好”、“较好”、“一般”、“较差”、“差”一类的回答来表述。例：请问您想购买钻石饰品吗？

A. 很想买　　B. 想买　　C. 不一定　　D. 不想买　　E. 很不想买

5)顺序法

请您把以下的品牌按您的喜好程度排列。(只写序号)

A. 君安　B. 周大福　C. 兆亮　D. E. F. D公主方钻　E. 周生生　F. 谢瑞麟

G. 戴梦得　H. 其他______(请注明)

6)开放法

无选项,由被访者自由回答。例:您最不喜欢这个珠宝品牌的原因?

答:______________________________________________

(3)问卷设计注意事项

1)问题排列的顺序必须按普通人的思考顺序,由简单到复杂,由表面直觉到深层思考。

2)关于涉及受访者本身的问题,不宜放在问卷开头,如教育程度、经济收入、职业等。

3)问题的答案要穷尽,互相不可重叠。

4)使用提示方式回答时,要注意提示顺序,在不同的问卷中作合理的顺序变换,保证回答的客观性。

5)不用模棱两可、含混不清的问句,避免用受访者不易理解以及因个人理解而意义不同的问句。

6)问卷以简短为佳。

(4)问卷案例解析

1)请问您是否拥有彩色宝石的珠宝首饰?

A. 是　　B. 否

分析:没有注意问题的逻辑顺序,如果答B,应该要跳过一些问题。

2)请问您对以上几类彩色宝石的喜好程度?

A. 非常喜欢　　B. 喜欢　　C. 一般　　D. 不喜欢

分析:答案设置有遗漏。描述程度一般采用三分法或五分法。如:喜欢、一般、不喜欢。

3)请问您是通过什么途径购买彩色宝石首饰?

A. 大型购物百货公司　　B. 专卖店　　C. 小型店面

分析:答案未穷尽,应该还有网络、超市、珠宝专业市场等。

4)请问您一般可以接受哪种价位的彩色宝石首饰?

A. 低于2 000　B. 2 000～3 000　C. 3 000～4 000　D. 4 000～5 000　E. 5 000以上

分析:答案之间有重复,应改为:A. 低于2 000　B. 2 001～3 000　C. 3 001～4 000　D. 4 001～5 000　E. 5 001以上

5)请问您可以接受最高以及最低的彩色宝石首饰价位各为多少?______

分析:此问题不适合开放题,应设置答案。一个问题也不应该出现两问。

### 5.4.3　能力训练

根据计划书确定问题点,并将问题点转换为实际的问题,设计完整的问卷。

问卷要求及评分标准:

结构完整,逻辑清晰　　　15%

问卷内容与计划书一致　　25%
问题选项设置合理　　35%
进行试访　　25%

# 工作任务6　彩色宝石市场调查实施



## 任务目标与要求

- 能够根据项目计划书制定彩色宝石市场调查实施方案
- 能够完成访问员培训
- 能够准确完成数据采集

## 任务实施

### 6.1　制定彩色宝石市场调查实施方案

#### 6.1.1　案例解析

**【案例6-1】** 深圳彩色宝石市场调查实施方案

**深圳彩色宝石市场调查实施方案**

一、项目介绍

委托方：深圳××珠宝公司

> 简单介绍项目委托方、研究目的，便于实地实施人员操作

研究目的：

(1)针对新产品，测试消费者对彩色宝石的认知程度。

(2)了解消费者对彩色宝石的使用及态度。

(3)彩色宝石的价格测试。

(4)了解消费者彩色宝石的购买可能性及消费者喜欢的促销方式。

二、研究方法

(1)调查地点：万象城。

> 调查方法应严格按照计划书执行

(2)调查对象：珠宝消费的现实消费者和

潜在消费者，年龄在18～45岁之间、非珠宝业内人员、非新闻媒体及记者以及非市场调研者。

(3)调查方法：拦截访问。

(4)抽样方法：便利抽样。

(5)样本量：300个。

三、进度安排

| | |
|---|---|
| 12月15日 | 访问员培训 |
| 12月16日～12月26日 | 拦截访问 |
| 12月25日～12月27日 | 问卷复核 |

共计13天

实地实施进度由项目总进度决定

四、人员安排

项目经理：梁楚瑶、林丹婷

研究人员：姚瑶、罗佳佳、韦玲静、陈洁、林小璇、谢丽敏、叶思婷、许泽燕

督导：韦玲静

数据分析：梁楚瑶

五、访问员的要求

访问员的水平对数据的准确性有很大的影响

1. 外在条件

(1)学历：高中以上。

(2)年龄：18～45岁。

(3)性别：女性。

(4)语言：普通话，广东话优先。

(5)性格：性格开朗。

(6)外表：形象好，气质佳。

2. 心理条件

(1)敬业。

(2)耐心，细心。

(3)积极主动，沟通能力强，有较强的亲和力。

(4)口齿清晰，思路清楚，随机应变能力强。

(5)心理承受力强，有珠宝专业知识优先。

(6)诚实，有一定的职业道德和素养。

(7)对本公司的资料严格保密。

六、质量控制

为了确保数据的准确性，我们成立了一个专门的小组对样本质量进行监督，确保数据的正确、客观。

(1)现场督导：负责实地监督整个项目，审核完成问卷是否完整，有无遗漏，可否补救；了解每天访问中出现的问题并及时解决；了解并控制整个项目的调查进度，监督礼品发

放。

(2)日进度表：我们对每天的工作进度进行小组核查、审改，并随时与客户进行密切地沟通。

(3)问卷复核：问卷经三层复核，抽样复核比例≥30%，有效复核率≥80%，问卷合格率≥90%，复核一致率≥80%。

(4)数据录入方式：采用双录入的形式，避免录入错误。



**【案例6-2】**

## 访问员培训大纲

一、培训内容

1. 访问员沟通技巧

开场白技巧：您好，我叫×××，是Tough珠宝公司访问调查员。我有一些关于彩色宝石的问题想了解您的看法。

确定访问员培训内容和培训方法，便于操作

2. 讲解问卷

3. 访问要求

(1)严格按照问卷顺序提问。问卷上规定回答的问题应全部问到，不能遗漏，根据逻辑指示应跳问的不要多问。

(2)严格按照问卷上问题的字句提问，因为每个问题都是经过仔细推敲的，具有特定的意义。

(3)提问时，对问题不能加入访问员的个人意见或解释(统一规定的除外)。

(4)提问时需要强调的词句要重读，过渡结构的提示语句要读出，使被访者自然过渡。

(5)提问语速适中，使被访者有充分的时间理解并回答问题。

(6)在选中答案对应的代码上画圈，不可以打勾，也不可以圈在文字上面。

4. 完整的试访

二、培训方法

1. 访问员朗读问卷

2. 理解问卷及其结构(出示问卷进行讲解)

3. 试访

### 6.1.2 能力训练

能力训练：完成彩色宝石市场调查实施方案，方案要求及评分标准：

| | |
|---|---|
| 结构完整，逻辑清晰 | 15% |
| 实施方法与计划书一致 | 25% |
| 质量控制措施有效 | 30% |
| 人员、进度安排合理 | 30% |

## 6.2 项目培训

### 6.2.1 知识链接

(1)培训内容

1)项目背景介绍

项目培训会议开始时,首先介绍一下此项目的背景及目的,注意不能说出客户的名称,以免产生人为的误差;向访问员强调整个项目计划的时间要求,访问员中途不许退出,如果要退出就不能参加该项目。

2)讲解问卷

督导应向每位访问员讲解清楚问卷逻辑结构和问卷的操作方法(包括重点问题、追问问题的跳问、访问用具的操作、使用等)。

督导讲解的同时应随时注意访问员的反应,若访问员有问题要问,应鼓励他们立即提出来,督导则根据问卷的实际情况,对重点、难点和逻辑关系比较复杂的地方尽量用投影仪展示,并向访问员耐心、详细地讲解,直至访问员清楚问卷的操作程序为止。

督导若发现访问员对问卷内容和操作有不明白的地方,应向在场的项目负责人、研究员或客户询问清楚,然后再向访问员讲解。

如果是异地访问项目,没有项目负责人或客户在场,督导应在项目培训后第一时间与项目负责人或客户联系,解决所有问题并尽快向所有参与本项目的访问员解释清楚,同时还应主动与一同参与本项目的其他合作代理公司或办事处联系,以统一操作。

3)模拟访问

在讲解完问卷后,负责督导应组织访问员进行模拟访问。在模拟进行过程中,还应根据以往经验,另设计一些障碍让访问员实习操作一次,以考核访问员的访问基本技巧和对本项目问卷的理解程度,及时发现问题并作出处理,促进访问员对问卷的消化。所有访问员都必须参与模拟,最好采取分组模拟的形式。模拟结束前应确保每一位访问员清楚理解问卷的内容。

(2)培训技巧

做好项目培训需要一定的技巧,为了使项目培训更有效地进行,项目督导在进行项目培训时应注意以下几个方面:

1)准备要充分

在培训前要准备齐所有要用的东西,如访问员名单、问卷、访问卡片、地址表、介绍信、投影仪、访问员签到表、访问用具等。

2)要准时

准时可以提高项目督导在访问员中的威信,也可以使客户对项目督导更有信心。

3)准确预计培训时间并在培训开始时告诉访问员

如果有访问员在事先通知的时间内不能完成整个培训,可以先退出,日后再培训。

4)控制住场面

若培训场面太乱，说明有的访问员没有认真听，这会影响其他访问员对培训信息的接收，也会影响培训督导的威信，可以针对“害群之马”提问讲过的内容，严重时可以将其逐出培训现场。

5)多交流

培训督导最好不要一个人不停地讲，培训时要随时注意访问员的反应。若访问员有疑问或沉默不语，应及时停下来询问他们不明白的地方并予以详细的解释。



6)尊重访问员，耐心讲解

培训督导应该明白，访问员在访问的工作经验、知识等方面不如培训督导丰富，因而应耐心地予以讲解，否则访问员不理解培训项目、不理解访问技巧，不但会加重审卷的负担，还会影响项目的进度。

(3)试访和陪访

试访是指在项目培训后的当天晚上或第二天，由访问主管、督导、研究部项目负责人陪同访问员或访问员单独持问卷和地址表进行实地访问。督导必须参与试访和陪访，访问主管、研究部项目负责人视各自工作情况决定是否参加。

1)试访的目的：使访问员充分熟悉问卷，了解该问卷的逻辑结构、操作方法以及需要注意的地方。让督导、项目负责人、客户进一步了解问卷的可操作性和问卷设计时没有估计到的意外情况，避免在正式访问时再出现问题。

2)试访操作：试访时让每个访问员先拿一张样本地址表进行试访，督导必须参与陪访。试访问卷除难度特别大之外，一般不计算劳务费，但无论计算与否最好能在试访前告诉访问员，而且试访也需要复核。

3)陪访操作：陪访是指在项目进行过程中，由督导、客户(访问主管、研究部项目负责人视各自工作情况决定是否参加)陪同访问员按地址表进行实地访问。

在整个项目进行过程中，每位督导必须陪访两名访问员，时间一般安排在项目前期。在被陪访的访问员实地操作的过程中，每个陪访人员均应及时填写统一的陪访记录表，记录被陪访访问员的实地操作情况，在项目结束后交给访问员专管督导，作为评估访问员的依据。

陪访时，督导还应记录访问员对问卷项目操作的理解和执行情况，总结出操作时应注意的地方，在试访小结中提醒其他访问员注意。

在收发问卷时，项目督导可以询问访问员在访问现场时是怎样操作的，包括如何询问、如何追问、如何引导、鼓励被访者回答等，项目督导据此给予访问员具体、正确的指导。

项目督导在陪访中和问卷审核时要做好记录、审卷工作，并及时对访问员进行正确的指导和教育，使其不断提高访问质量。

(4)复核

问卷的复核是保证访问的真实性和质量的有效方法。复核工作由质控部的质控督导负责，由于质控督导与访问督导的工作都是保证问卷的质量和数据的真实性，而对访问问卷的复核只是针对访问员进行的一种以检查问卷的真实性为目的的质量控制行为，并不是考查项目督导对项目的管理能力和管理效果，因此，访问督导应在项目操作中与质控督导密切合作，共同管理好该项目。项目督导应在收卷的当天下午 18：00 以前将问卷提交质控部。

1）复核结果的处理

■ 经过质控人员复核后，若发现某个访问员完成的问卷有问题，会对该访问员所完成的整批问卷进行扩大复核，复核后会将复核结果通知项目督导，由项目督导对问卷作出处理。

■ 项目督导在收到质控部的通知后，应立即暂停有问题访问员的访问工作，通知该访问员回公司接受处理，并对其所有有问题的问卷作出处理，让访问员在问卷上签名确认。

■ 任何督导在任何情况下均不应包庇作弊访问员，否则会影响项目的质量和访问员管理的公正性和公平性，最终将危及整个访问员管理制度。

■ 因访问员作弊而作废的问卷将由质控督导保存，无论是正式样本、扩大样本还是追加样本，均不能使用已作废问卷。

2）二审

■ 经一审的问卷必须交叉进行第二次审核，二审的工作一定不能由问卷一审的督导完成，因为一审后督导对所审的问卷已有一种习惯性思维方式，如其再进行二审，思维方式容易形成一种定式，而不易发现一审时没有发现的、隐含在问卷中的错误。

■ 二审督导对问卷负最终责任，若发现一审错误，应及时令一审督导解决，否则向主管申诉。

■ 主管必须抽审总样本数的 10%。

3）进度汇报

在项目进行过程中，项目督导必须定期向项目负责人或客户汇报项目的进展。

### 6.2.2 能力训练

能力训练：制定项目培训方案并完成项目培训。

## 6.3 数据采集

### 6.3.1 知识链接

拦截访问指的是在固定场所拦截访问对象，对符合条件者进行面对面的访问。根据拦截地点不同，拦截访问可分为街头拦截访问和定点街访。街头拦截访问又称为不定点访问，它是在街区选择恰当地点（一般为商业街、娱乐场所、生活小区等），由访问员对其拦截的合格受访者进行访问。定点街访，则是指在特定区域（可能是商业区、街道、公园、报摊等）选择一个相对固定的拦截点和一个固定的访问点（由调查公司租用），访问员在拦截点拦截、接触被访者，经过初步甄别后，把符合访问条件的被访者引导到固定的访问点完成访问。拦截访问具有访问效率较高、费时较短、费用较低、控制较容易、回访较难、数据的代表性不强等特征。

根据拦截访问项目的需要,访问员应选择能充分接触目标调查对象人流的地点,拦截行人,以方便进行甄别、访问。由于其访问性质和要求的特殊性,地点的选择成为拦截访问能否成功进行的关键因素。地点选择必须满足以下几个条件:

■ 人流量大。

■ 闹市中有相对安静的环境,可以避开人群。

■ 人流中有可以停留的地方。

■ 访问区域相对固定,以方便现场监控。



鉴于以上几点因素的要求,大型商场或超市的门口成为拦截访问经常选择的地点。

(1)街头拦截的具体操作

1)准确寻找被调查对象

■ 环顾四周,找出可能会接受调查的目标对象。访问员应找那些一个人在一边休息或似乎在等人的潜在目标对象,径直走上前去询问他们。如果被拒绝,也要很有礼貌地说:“对不起,打扰您了。”

■ 当第一位访问员被对方拒绝后,第二位访问员可以考虑五分钟以后再上前进行询问。如果对方依然拒绝,就不能再进行第三次询问了。

■ 对于行走人群,观察对方是否是单人行走、步履的缓急、手中是否提有过多的物品,以及神色是否匆忙等。

2)上前询问,注意姿态

根据判断,路人可以作为调查对象时,访问员就应积极地上前询问。

■ 上前询问的短短几步也是有讲究的,走向调查对象时,应该缓步侧面迎上。

■ 在整个行走过程中,访问员的目光应对准被调查者。当决定开口询问时,应在距被调查者右前方或左前方一步处停下。

3)开口询问,积极应对

访问员开口的第一句话很重要,要有准确的称呼、致歉词和目的说明,可以说:“您好,我叫×××,是 Tough 珠宝公司访问调查员。我有一些关于彩色宝石的问题想了解您的看法。”对于类似询问,被调查者会有许多种反应:

第一种是不理睬你,这说明他对街头拦截调查极度厌烦,向他致歉就可以结束了。

第二种是有礼貌的拒绝,这时应当针对对方的借口进行回应。

第三种是对方流露出一些兴趣,这时要把握住机会,向他解释调查的内容。

第四种情况较为少见,即对方一口答应接受调查。

4)随步询问,灵活处理

在应对行走人群时,让对方自动停下脚步是一个不错的切入点,说明对方对你的调查有兴趣;如果对方不愿停下脚步,这就需要访问员跟随对方走几步,用话语力争引起对方的兴趣,切不可直截了当地要求对方停下脚步。一般来说,如果跟随对方走出十米依然无法让对方停步，就应当终止。

5)信息收集须加小心

被调查者的信息资料，如姓名、年龄、住址、联系方式等，有时也需要在街头拦截调查中获取，甚至有时调查的目的就是要了解被调查者的基本信息，以利于开展营销活动。对于信息的收集，访问员要小心处理，要尊重被调查者的权利，不能强求获取。在调查开始时，访问员先要诚实地将自己的真实身份、调研目的、了解他们的基本资料的原因告知被调查者。同时，向他们告知自己的义务，询问他们是否愿意提供自己的基本信息资料。只要处理得当，一般在这样的情况下，被调查者都会愿意留下他们的信息资料。

6)调查完成后的必要工作

■ 当被调查者回答完所有问题后，访问员应当浏览一遍问卷，不要有所遗漏。

■ 向被调查者表示感谢，与其告别。

■ 当完成一次调查后，先不要将问卷取下。展开新的调查时，当着被调查者的面将已用过的问卷取下，这样可以使被调查者更易于接受调查。

■ 等到所有的问卷都完成后，对其进行整理。对调查中的废卷和白卷的处理，第一是切不能作假，第二是不要将问卷损毁。调查结束后，将所有的问卷交给负责人，这是最原始的资料，需要集中整理、统计。

(2)街头拦截的质量控制

街头拦截的优势在于它的灵活性，它可以不用规定固定的区域做访问。它的最大劣势是难以管理与控制，而且所需督导的数量相对于定点街访也多。街头拦截往往是拦截、访问同步进行，不存在甄别区，访问区和拦截区是同一区域(访问区与拦截区结合)。对于街头拦截，在访问完成后，由于周围环境的影响，访问员比较难留住被访者(目的是等待问卷被深入审核完后才让其离开)，所以街头拦截的质量控制要求相对于定点街访更高。

街头拦截质量控制的注意力重点应放在拦截访问区。其要求是一定要安排一定数量的督导，往往四五个访问员就需要一个巡场督导来负责监控，因为访问员在做拦截的同时也要当场做访问。由于他们都是在一个规定的区域内流动访问，会给管理、监控带来一定的困难，所以每个督导最多也只能管理 4～5 个访问员。另外，每一个街访场地还要配备一个主督导负责二审，也可以用辅助性工具来保证访问质量(如采访机)，要求访问员在拦截被访者的那一刻起就开始录音，保证全过程都有录音凭证，杜绝作弊情况发生。

此外，在做街访之前，督导和访问员都要做好准备工作。首先，针对每一个街访项目都要先进行一次模拟试访，让访问员熟悉问卷的内容及操作流程。其次，在操作前让访问员明确工作规则。例如，访问员不可以离开督导的视线；访问员准备好所有的访问资料及工具；访问员在操作时，要及时整理已经完成的问卷，并且填写好一切相关的访问资料，及时上交督导进行审核；问卷的答案一定要完整、整齐，不可以出现漏问，注意开放题的深度追问；未经督导同意，访问员不得随意更改访问场地；遇到特殊情况一定要得到督导的指示才可进行访问，不可擅作主张，自己行动。

(3)定点街访的质量控制

定点街访和街头拦截最大的区别是功能区域的划分。定点街访主要由拦截区、等候区、甄别区、产品测试区和访问区等组成，街头拦截则没有划分出明确的区域。

1）场地划分布置与质量控制

定点街访的场地可划分为五个部分。

①拦截区

拦截区离访问点不能太远且不要隔着马路，以免给被访者造成接受访问的心理障碍或者使其中途变卦；其距离也不能太长，以50～100米为宜，以便于督导监控。拦截区是整个街访最关键的区域，因为在这个区域所拦截的被访者是否合格会直接影响到后期的访问质量。但这个区域往往也是存在最多问题的地方：访问员拦截操作不规范，拦截时可能会使被访者看到问卷，更严重的是，访问员可能会诱导被访者，要求被访者作弊。除了这些问题之外，还会出现访问员欠缺拦截技巧，导致拦不到被访者等现象。面对这些问题，巡场督导要积极解决。为此，要注意以下几个问题：



■ 在项目培训时，要有针对性地重点对访问员拦截操作的注意事项进行培训。

■ 现场严格监控访问员拦截的操作过程，不能让他们离开巡场督导的视线，遇到操作上的问题或作弊情况，督导要及时处理。

■ 尽量辅助新的访问员，就拦截技巧给予现场指导。

■ 适当地给予关心，从而提高访问员的主动性和积极性。

②等候区

等候区在访问点最外围，通常放置椅子和一些书报，请与被访者同行的亲友在此休息等候，以免他们随被访者进入访问区而影响被访者作答。

③甄别区

甄别区的主要职能是负责二次甄别和记录配额。它是街访质量控制的第二道防线，禁止一切不合格的被访者进入访问区接受访问。也可以说，甄别区是二次过滤区。通过二次甄别的被访者可以进入产品区，但甄别时不能让其看到产品区和访问区的情况，以免其对之后的访问和所测试的品牌有所预期而影响作答。甄别区里最重要的角色是甄别员，如果街访时没有很好地选择甄别员，就会导致问卷质量的大幅度下降，严重时会使整个项目就此完结。那么如何筛选甄别员？如何使甄别员掌握甄别技能以更好地杜绝访问员的作弊现象呢？所选的甄别员最好与拦截员（访问员）是互不相识的，其一定要细心、谨慎，工作一丝不苟，并具有很高的洞察力和观察力。

④产品测试区

产品测试区根据客户的具体要求布置，原则是各测试台应相互独立，不能互相干扰影响。

⑤访问区

被访者经过产品测试后进入访问区接受访问，访问结束后从访问区直接进入甄别区，领取礼品后离去。访问区内最多可放置8～10套访问台，按矩阵形式整齐摆放，每套访问台桌椅间应留有一定的空隙，刚好容一人通过为宜，以便于督导监控。访问员与被访者应相对而坐，尽量不要让被访者看到问卷。被访者在接受访问时应背对着门，以免受到进出人员的干扰。场地的划分、布置中有很多看起来很琐碎的地方，但其实它们对于项目的进行和质量的保证都是不可或缺的。由于场地所限或者其他客观原因不能按规范操作时，便需要督导把握原则灵活处理了。

2)现场监控与质量控制

拦截区面积较大，人流又多，所以拦截区督导必须经常来回巡视，注意观察。其主要作用是提醒和监督拦截员不要松懈和偷懒，更要防止他们作弊。例如，经一位拦截员甄别不符合条件的被访者，却通过了另一位拦截员的甄别并被带去接受访问；又如，某次访问规定访问对象不能是学生，却发现一位被访者脱下校服后跟随拦截员进去接受访问。这些现象都需要督导凭经验去留意、发现。当拦截员由于拦截不顺利而出现气馁或者消极情绪时，督导还要帮他们打气，提醒他们应该注意使用的技巧。

产品测试区督导必须严格要求产品管理员按照客户对产品测试操作的具体动作要求和步骤去测试，绝不能让他们凭自己的喜好而随便对具体动作要求和步骤作出改动。因为只有客户才是产品方面的专家，对这方面的要求也特别细致和严格，看似不大重要的一个动作也有可能会对最后的数据产生影响。在产品区所填写的问卷要由产品区督导即时审核，不合要求的可立刻补问。

访问区督导应在工作前为每个访问员分配一个固定的访问座位。这样做有两个好处：一是方便访问员一进来就可以马上带领被访者入座，提高访问效率；二是当督导想细听某个访问员的访问时，可提前坐到那个位置的附近，这样既不会引起该访问员的警觉，又不会给他造成压力。督导监听主要包括几个方面：提问是否规范和符合要求，开放题有无追问、有无漏问或故意跳问等。当督导发现某个访问员的访问不规范时，不要当场指出，这样会伤害访问员的自尊心且会对他之后的访问造成影响，应等到访问结束、被访者离去后再向他指出。若访问员多次未按规范要求操作或者其错误对访问结果有较大影响，可废除其一两份问卷，让其加深印象；属故意作弊的，要“废卷废人”，这对其他访问员也可起到一个警示作用，特别是在项目早期更要从严要求，可令后期工作比较顺利。

访问结束后，访问员应请被访者暂时留在座位上，自己将问卷交给督导后应该立刻回到座位陪伴被访者。这段时间督导要抓紧审卷，及时发现漏问或者不合逻辑(前后矛盾或不合逻辑)的地方，以方便访问员立即补问。

访问全部结束后，访问员应引领被访者再次回到甄别区领取礼品，送其出门并再次对其表示感谢。甄别区督导对问卷配额作最后确认、登记。整个过程必须做到紧密有序，既保证质量又要高效。

每天访问结束后，督导都必须检查、整理所有问卷。有时访问的配额要求比较复杂，现场操作时间紧，有可能会出错，复检便尤为重要了。当天发现差错，应及时调整，可以在第二天补做，若等到整个项目结束再统一检查配额就为时已晚了。

### 6.3.2 能力训练

能力训练(1):拦截访问模拟

内容:了解彩色宝石市场

要求:按要求完成问卷上的所有问题

能力训练(2):根据彩色宝石市场调查实施方案完成项目实施

## 6.4 撰写项目实施报告

### 6.4.1 案例解析

**【案例6-3】** 深圳彩色宝石市场调查项目实施报告

**深圳彩色宝石市场实地实施报告**

一、调查目的

(1)针对新产品,测试消费者对彩色宝石的认知程度。

(2)了解消费者对彩色宝石的使用及态度。

(3)彩色宝石的价格测试。

(4)了解消费者彩色宝石的购买可能性及消费者喜欢的促销方式。

二、研究方法

(1)调查方法:拦截访问。

(2)抽样方法:便利抽样。

(3)样本量:300个。

三、项目进程

(1)执行方式:拦截访问。

(2)项目督导:梁楚瑶。

(3)人员安排:

总督导:韦玲静

项目培训:姚瑶

访问员:陈洁、许泽燕、谢丽敏、林小璇、罗佳佳等

(4)项目实施进度:

| | |
|---|---|
| 访问员培训 | 2009.12.22 |
| 实地访问 | 2009.12.23 |
| 问卷复核 | 2009.12.24 |

(5)项目完成情况:本次调查共完成305份问卷,有效问卷300份。拒访率43%,受访率57%。

四、质量控制

(1)成立专门的研究小组,进行基本的调查知识培训。

(2)访问员必须携带调研需要的物品,包括问卷、学生证、笔、纸等。

(3)现场督导负责实地监督整个项目,审核完成问卷是否完整、有无遗漏、可否补救;访问中出现了遇到保安干扰、个别被访者不愿意留下联系电话等问题,经及时沟通圆满解决了问题,保证了项目的顺利进行。

(4)对每天的工作进度进行小组核查、审改,填写日进度表并随时与客户进行密切地沟通。

(5)问卷经三层复核,抽样复核比例35%,有效复核率86%,问卷合格率95%,复核一致率88%。

注:抽样复核比例=复核的问卷数/问卷总数

复核有效率=可以复核到的问卷/留有电话的问卷总数

问卷合格率=复核成功不存在问题的问卷/复核的问卷总数

复核一致率=(单份问卷)复核问题相符总数/复核的问题总数

### 6.4.2 能力训练

能力训练:撰写项目实施报告,报告要求及评分标准:

| | |
|---|---|
| 质量控制有效 | 45% |
| 进度、人员安排合理 | 25% |
| 按计划书要求完成 | 20% |
| 结构完整,格式正确 | 10% |

## 工作任务7 彩色宝石市场调查数据分析

### 任务目标与要求

- 能够准确完成数据录入及分析
- 能够根据数据分析结果撰写数据报告

### 任务实施

## 7.1 案例解析

【案例 7-1】 深圳彩色宝石市场调查数据分析(部分)

深圳消费者购买彩色宝石的用途

调查表明，近六成受访者购买首饰的目的是用来装饰，其次是用于馈赠，占26%，而保值收藏所占比例不大，如图7-1所示。

采用频数分析，描述出现频率，描述主要数据

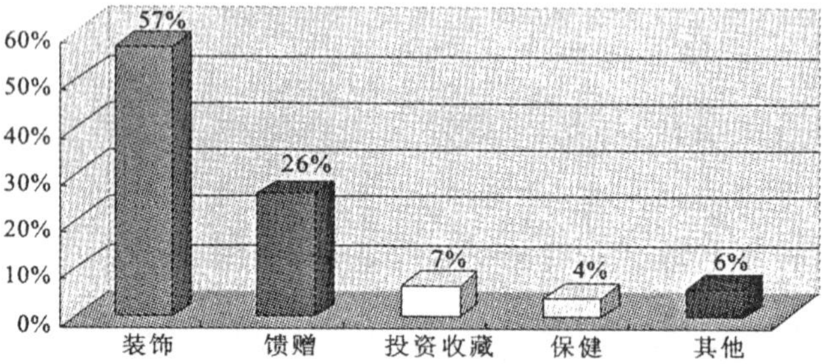


图7-1 购买彩色宝石的用途

消费者对彩色宝石促销方式的评价

如图7-2所示，数据表明大部分消费者喜欢的促销方式是打折，占51%；其次是附送赠品，占22%。由此可知消费者在购买时注重实惠，对价格促销较欢迎。

客观描述数据，进行分析总结

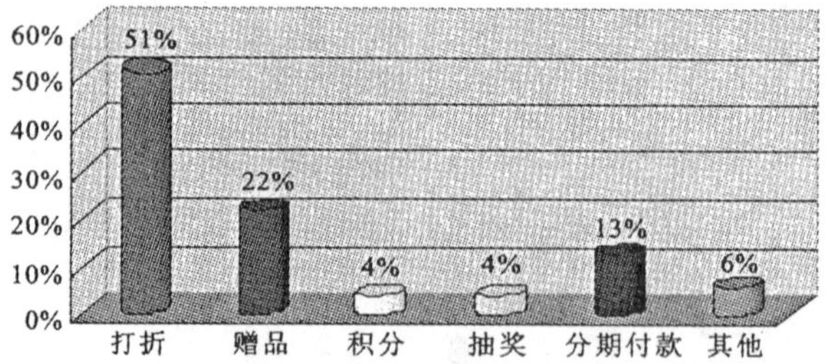


图7-2 消费者喜欢的促销方式

深圳消费者彩色宝石购买预期

如图7-3所示，受访者中打算购买彩色宝石的占22%，没有打算的占32%，而不确定的占46%。

饼状图适合单项选择题

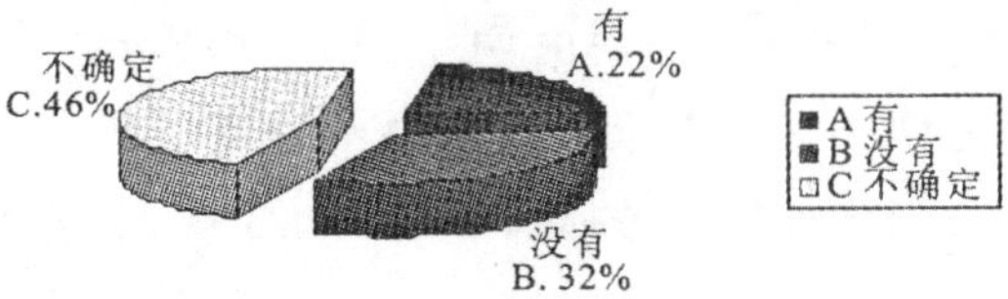


图7-3 消费者购买彩色宝石预期

## 7.2 知识链接

(1)问卷编码和数据录入

问卷编码是指对一个问题的不同答案进行分组和确定数字代码的过程。大多数问卷的大多数问题都是封闭式的，在调查之前就已经完成了编码的过程，即每一组问题的不同答案的数字编码已经确定。而开放式问题，因为不知道会得到什么答案，或者是希望得到比列出的封闭式的选项更详尽的答案，所以在调查结束后，必须对这些开放式的问题进行事后编码。开放题的事后编码的工作量很大，无法预知会出现多少个新的代码和答案，而且有些答案是非常类似的，必须决定是合并成一类，还是分成不同的代码。具体地说明编码需要以下几个步骤：

1)每个需要编码的项目都必须有一份编码表，将问题和项目的代码详细的标注在编码表的顶端位置，由于事先不知道会有多少新的代码或答案出现，所以一定要预备足够的空间。

2)如果编码的工作由一个编码员完成，出现错误的可能性相对较小。但实际上，因为需要编码的问题可能很多，一个人是没有办法按时完成的，这就需要多个编码员。在这样的情况下，一定要注意多个编码员工作的协调。应该安排编码员在不同的时间，或者相同的时间、相同的地点，使用同一个编码表。这样可以避免编码重复的情况。

3)研究人员应详细制定编码的守则，指导编码员如何识别答案，并且将其归类，以及如何分配编码等等，并同时对编码的过程进行监督和检查。编码员在编码的过程中可能有两种倾向：一种是事无巨细将出现的每一种答案都给予新的代码，结果代码的数量比预料的要多出很多；另一种情况是对答案的归类过于粗糙，可能丢弃了数据中有意义的差异。对于这两种情况都必须通过守则规定，尽量避免。碰到无法确认的分类的时候，通常的做法是赋予一个新的代码，如果需要合并，可以在将来的数据处理过程中完成。

4)可以对“不知道”、“无所谓”、“不清楚”、“缺失”事先规定，但是一定要注意规定的编码与实现对该问题的最大编码的预计的数量一致。

5)编码的字迹必须清楚，如果可能的话，及时进行计算机的录入管理。

数据录入是指将问卷或编码表中的每一个项目对应的代码转化成计算机能够识别的形式的过程。这个过程需要数据录入装置(计算机)和一个存储介质(数据库软件、磁盘)。为了保证数据录入的准确性，有必要对录入的结果进行核查，核查的方式主要有双机录入或三机录入。所谓双机录入，是将同一份问卷分别由两个录入员进行两次录入，将两次的结果进行逐个比较，相同的部分是被认为没有错误的，如果出现不同的部分，检查问卷，及时修正。所谓三机录入，即将同一份问卷由不同的录入员录入 3 次，将 3 次的结果通过计算机进行比较，采用“2 排 1”的选择，如果 2 个结果是相同的，排除那个不同的答案。三机录入的方式可以减少翻阅问卷的人工。

无论是双机录入还是三机录入，都会增加调查的时间和费用成本，而且是成倍地增加。但是为求得数据的收集录入各个环节的准确性，越来越多的企业和市场调查公司要求数据的正确录入。

(2)频数分析

频数分析是最常用的单变量描述性统计分析方法之一。频数(Frequencies)是变量某一个取值的个案数(问卷中的每一个问题都可看成是一个变量)，百分比(Percentage)是表示该取值的个案数占总样本的比例，即频数/样本量×100%。将变量所有取值的频数和百分比列在一个表中，这种表就叫频数表，从中可以看出变量各个取值的分布情况。年龄的频数表如表 7－1 所示：

**表 7－1　年龄频数表**

| | 年龄 | 频数 | 百分比 |
|---|---|---|---|
| 选　项 | 15～18 岁 | 26 | 29% |
| | 19～22 岁 | 52 | 57% |
| | 23～25 岁 | 9 | 10% |
| | 26～28 岁 | 3 | 4% |
| | 29 岁以上 | 0 | 0% |

利用变量的频数分布分析可以方便的对数据按组进行归类整理，形成观测量中各变量不同水平的分布情况表，以便对数值的数量特征和内部结构状况有一个整体的认识。频数分析中，百分比大小比较是一个相对的概念，频数大小则是绝对的数值，在市场分析报告中，经常利用百分比来说明结果，但是有时也需要频数进一步地说明之间的差异。

(3)相关分析

相关分析是指对现象之间是否存在相关关系及相关的形式和程度进行分析的一种统计分析方法。其目的在于帮助我们对关系的密切程度和变化的规律性有一个具体的数量上的认识，作出判断，并且用于推算和预测。其主要内容包括确定现象之间有无关系，确定现象之间关系的密切程度，测定两个变量之间的一般关系值，测定因变量估计值和实际值之间的差异。

案例：某珠宝广告的接触频率与被访者身份作相关分析。从表7－2和图7－4中可以看出，在看过某珠宝电梯广告的小区住户中有近四成半每天接触1～2次，三成多每天接触次数达3次以上，而接触1次以下的仅为两成半。由此可见，某珠宝电梯广告具有较高的接触频率，并且，节假日访客的增多扩大了广告的传播效果。

**表7－2　××珠宝电梯广告的接触频率**

| | 住户 | 访客 |
|---|---|---|
| 每天少于1次 | 25.5% | 34.1% |
| 每天1～2次 | 43.4% | 43.9% |
| 每天3～4次 | 22.6% | 14.6% |
| 每天4次以上 | 8.5% | 7.4% |

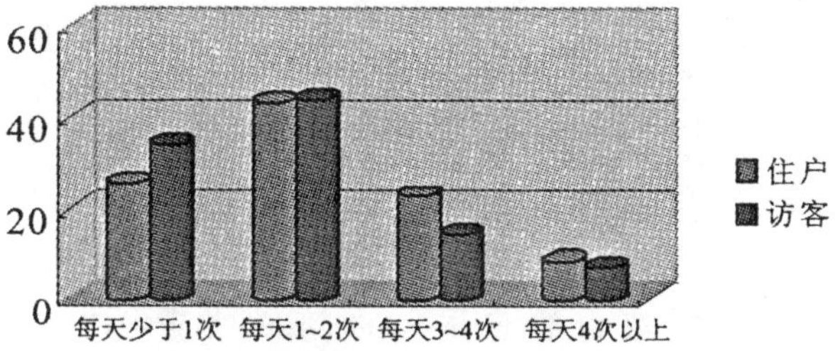


图7－4　××珠宝电梯广告的接触频率

(4)描述统计

主要用于特征分析，即通过一些概括性量数来反映数据的全貌和特征。用来描述数据分布特征的概括性量数主要有：描述数据集中趋势的量数，如算术平均数、几何平均数、中位数、众数；反映数据间彼此差异的程度的量数，如全距、平均差、方差、标准差；反映原始数据在所处分布中地位的量数，如百分位分数、百分等级分数、标准分数、T分数等。

## 7.3　能力训练

能力训练(1)：完成数据录入及分析

能力训练(2)：根据数据分析结果完成数据报告，报告要求及评分标准：

结构完整　　15%

思路清晰，逻辑严谨　　25%

数据详实，分析深入　　45%

文字规范简洁　　15%

# 工作任务8　撰写彩色宝石市场调查报告



## 任务目标与要求

- 能够根据项目实施报告、数据报告撰写彩色宝石市场调查报告
- 能够完成项目口头报告
- 能够完成项目总结

## 任务实施

### 8.1　案例解析

**【案例8－1】** 深圳彩色宝石市场调查报告(节选)

深圳市彩色宝石市场调研报告

标题页。点明报告的主题、委托客户名称、市场调查机构名称和报告日期

委托人:深圳××珠宝公司

受托人:Tough市场调研公司

时　间:2010年1月

一、深圳彩色宝石市场实地实施报告

1. 调查目的

(1)针对新产品,测试消费者对彩色宝石的认知程度。

(2)了解消费者对彩色宝石的使用及态度。

(3)彩色宝石的价格测试。

(4)了解消费者彩色宝石的购买可能性及消费者喜欢的促销方式。

2. 研究方法

根据本调研的特点,本次调查主要采用定量方法,以结构式问卷形式进行调查。

(1)调查方法:拦截访问。

(2)抽样方法:便利抽样。

(3)样本量:300个。

3. 项目进程

(1)执行方式:拦截访问。

(2)项目督导:梁楚瑶。

(3)人员安排:

总督导:韦玲静

项目培训:姚瑶

访问员:陈洁、许泽燕、谢丽敏、林小璇、罗佳佳等

(4)项目实施进度:

访问员培训　　2009.12.22

实地访问　　2009.12.23

问卷复核　　2009.12.24

(5)项目完成情况:本次调查共完成305份问卷,有效问卷300份。拒访率43%,受访率57%。

4. 质量控制

(1)成立专门的研究小组,进行基本的调查知识培训。

(2)访问员必须携带调研需要的物品,包括问卷、学生证、笔、纸等。

(3)现场督导负责实地监督整个项目,审核完成问卷是否完整,有无遗漏,可否补救;访问中出现了遇到保安干扰、个别被访者不愿意留下联系电话等问题,经及时沟通圆满解决了问题,保证了项目的顺利进行。

(4)对每天的工作进度进行小组核查、审改,填写日进度表并随时与客户进行密切地沟通。

(5)问卷经三层复核,抽样复核比例35%,有效复核率86%,问卷合格率95%,复核一致率88%。

注:抽样复核比例=复核的问卷数/问卷总数

复核有效率=可以复核到的问卷/留有电话的问卷总数

问卷合格率=复核成功不存在问题的问卷/复核的问卷总数

复核一致率=(单份问卷)复核问题相符总数/复核的问题总数

二、数据分析

1. 消费者拥有彩色宝石的分析

调查结果显示,受访者中拥有彩色宝石的占32%,未拥有彩色宝石的占68%。说明一部分消费者已经拥有了彩色宝石,但对多数人来说彩色宝石仍然是陌生的。如图8-1所示。

2. 消费者拥有的彩色宝石种类

如图8-2所示,消费者拥有的彩色宝石以水晶类居多,比例为56%。红宝石和蓝宝石也占到一定比例,分别占22%和11%,此外还有一些其他宝石如石榴石等。

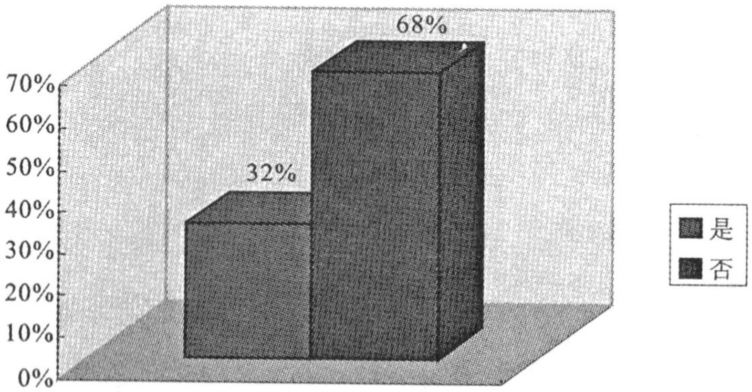


图 8－1　消费者是否拥有彩色宝石

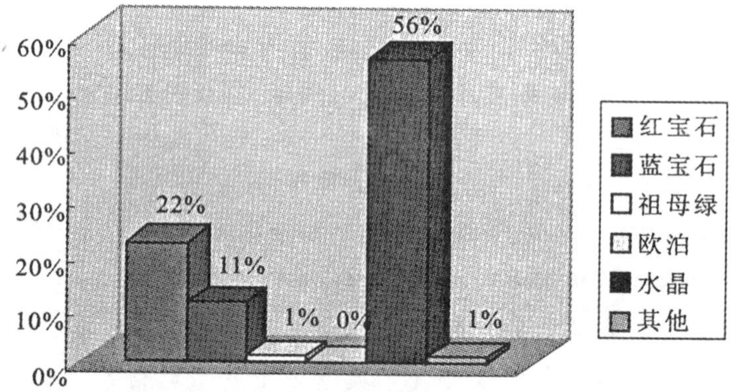


图 8－2　消费者拥有的彩色宝石种类

3. 消费者对彩色珠宝的喜好程度的分析

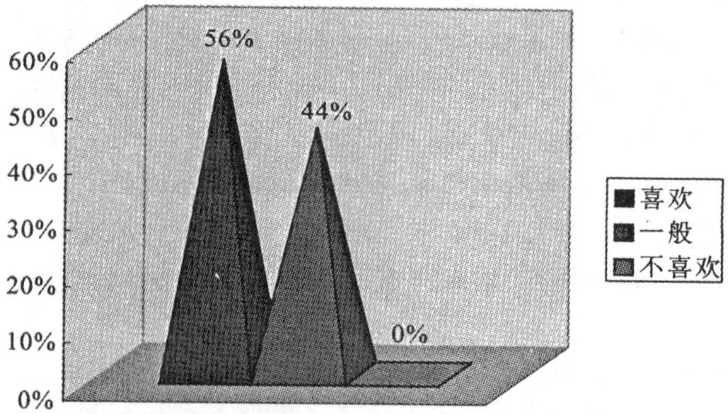


图 8－3　消费者对彩色珠宝的喜好程度

如图 8－3 所示，大多数消费者是喜欢彩色宝石的，占到了 56%，一般的占 44%，而不喜欢的比例为零。这表明彩色宝石在消费者心目中还是比较受欢迎的，彩色宝石具有很大的发展前景。

4. 消费者购买彩色宝石的途径分析

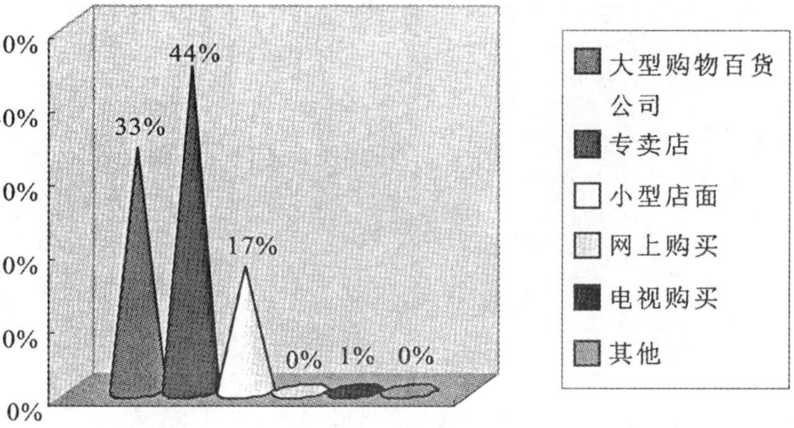


图 8-4　消费者购买彩色宝石的途径

如图 8-4 所示，大多数被访者购买彩色宝石的途径是通过专卖店购买，占 44%，而在大型购物百货公司、小型店面、网上和电视购买的各占了总数的 33%、17%、0%和 1%。对于红、蓝宝石类的彩色宝石，被访者通常会选择在专卖店购买，而对于水晶类彩色宝石，被访者通常选择在小型店面购买。由此可见，珠宝专卖店因其专业和质量保障而受到消费者的亲睐。

5. 消费者彩色宝石可接受最高价位的分析

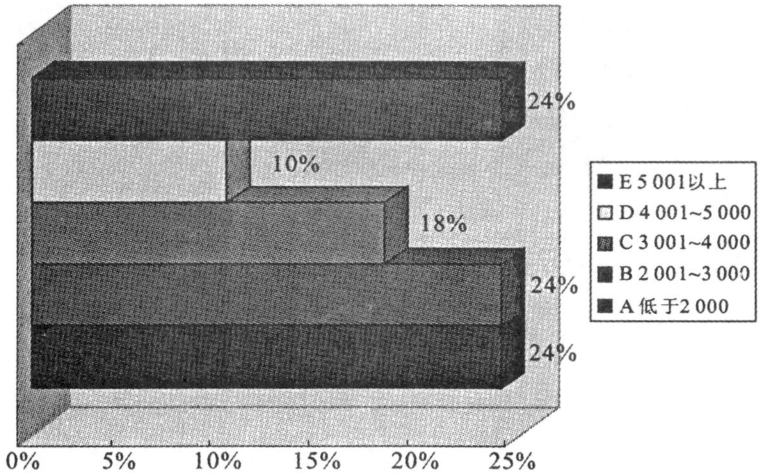


图 8-5　消费者对彩色宝石可接受的最高价位

如图 8-5，我们可知受访者中可接受彩色宝石的最高价位低于 2 000 元、2 001～3 000 元和 5 001 元以上各占 24%，这说明了消费者对于彩色宝石的价格承受能力有差异，呈现两级分化。部分受访者表示只要宝石是天然的，价格就不是问题。

6. 消费者彩色宝石可接受最低价位的分析

如图 8-6 所示，受访者中可接受彩色宝石的最低价位低于 2 000 元的，占了七成多，

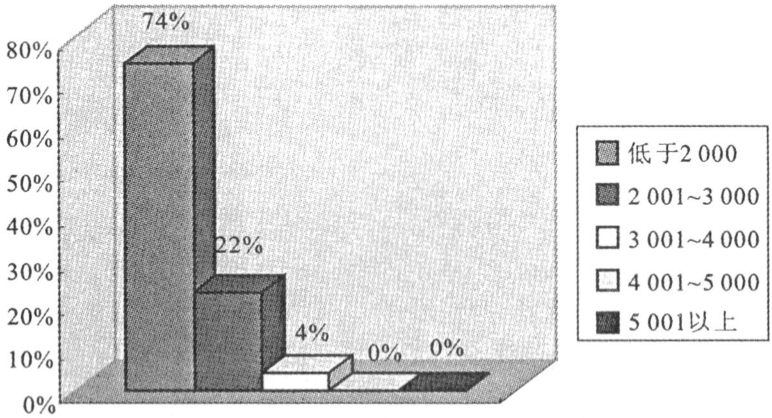


图 8-6　消费者对彩色宝石可接受的最低价位

而 2 001～3 000 元的占 22%，3 001～4 000 元的占 4%。由此得知，水晶类的彩色宝石在 2 000元以下比较容易接受，而红、蓝宝石、祖母绿类的宝石在 2 001～4 000 元都可以接受。

7. 消费者彩色宝石可接受理想价位的分析

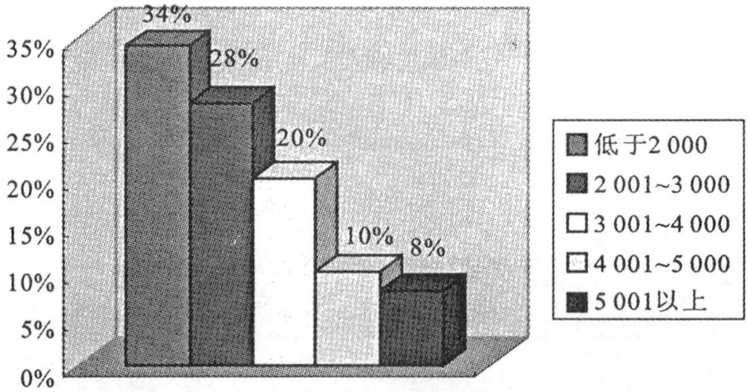


图 8-7　消费者对彩色宝石可接受的理想价位

如图 8-7 所示，消费者可接受彩色宝石的理想价位是低于 2 000 元，占了 34%。而其他价位都各占一部分，分别是：28%、20%、10%、8%。说明消费者对于彩色宝石的理想价位是比较低的。但有部分消费者认为，如果宝石是天然的，价格高点也没关系。

8. 消费者购买彩色宝石的用途分析

调查表明，近六成受访者购买首饰的目的是用来装饰，其次是用于馈赠，占 26%，而保值收藏所占比例不大，如图 8-8 所示。

9. 消费者对彩色宝石促销方式的评价分析

如图 8-9 所示，数据表明大部分消费者喜欢的促销方式是打折，占 51%；其次是附送赠品，占 22%。由此可知消费者在购买时注重实惠，对价格促销较欢迎。

10. 消费者彩色宝石购买预期的分析

如图 8-10 所示，受访者中打算购买彩色宝石的占 22%，没有打算的占 32%，而不确定的占 46%。

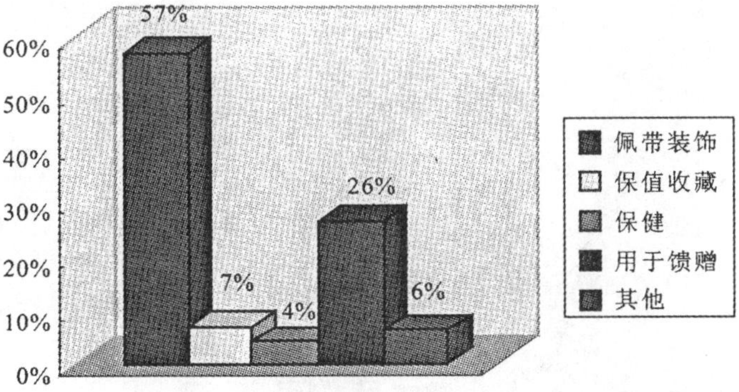


图 8-8　消费者购买彩色宝石的用途

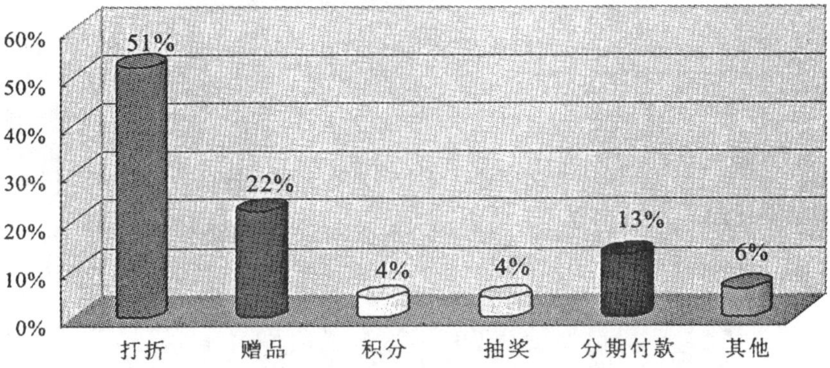


图 8-9　消费者喜欢的促销方式

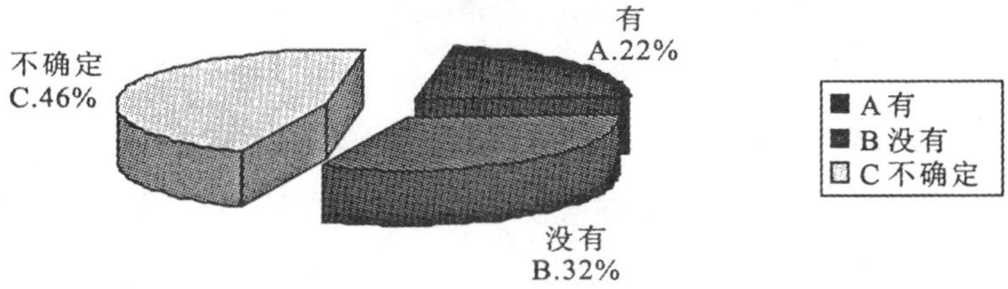


图 8-10　消费者对彩色宝石的购买预期

11. 消费者群体特征

由图 8-11 可知，男性受访者占 30%，女性受访者占 70%。

图 8-11　受访者性别比例

由图 8-12 可知，大部分受访者的平均月收入是 3 001～5 000 元，占到了总数的 36%。其次是 1 001～3 000，占到了总数的 34%。

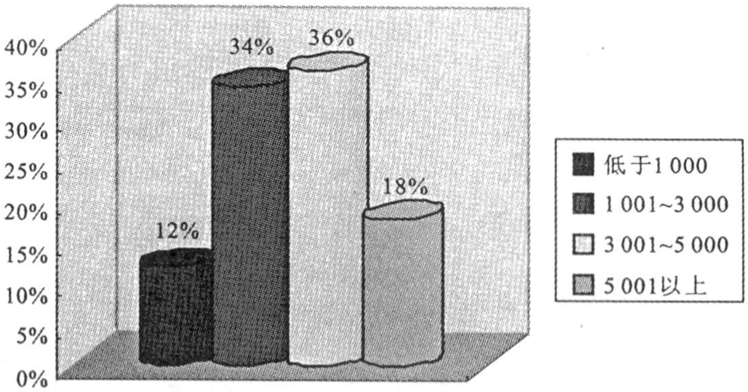


图 8－12　受访者平均月收入

由图 8－13 可知，大部分受访者都是公司职员，占了总数的 50%。

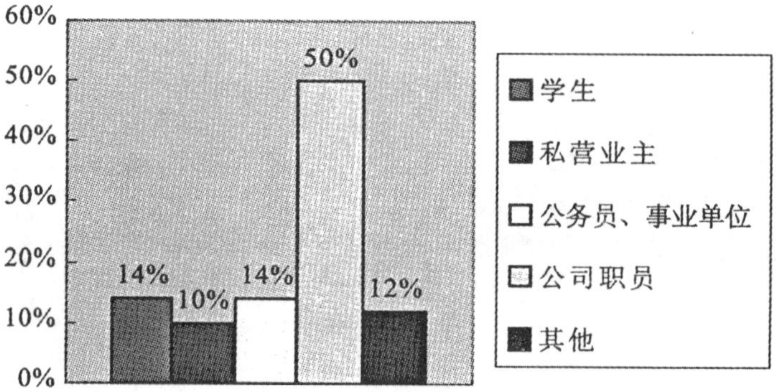


图 8－13　受访者职业

由图 8－14 可知，受访者的文化程度为大专或本科的比较多，占到了 48%。其次是中专或技校和高中生，分别占了 18%和 16%。

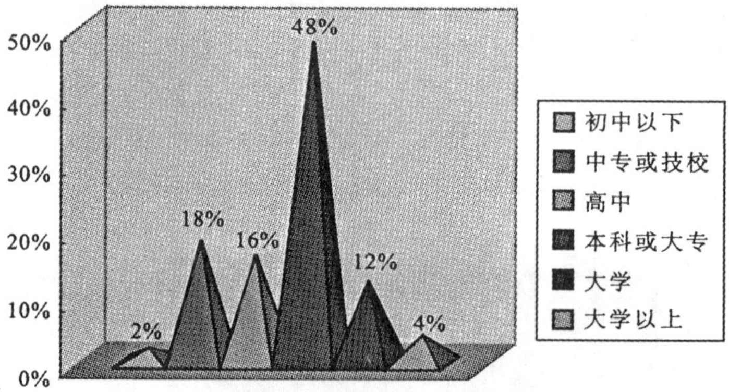


图 8－14　受访者文化程度

报告精髓部分，陈述调查结论及相关建议

三、结论与建议

(1)大多数消费者对于红、蓝宝石以及祖母绿、欧泊的认知度不太高，但对于水晶类彩色宝石相对了解一些，彩色宝石在消费者心目中还是比较受欢迎的。建议企业应通过报刊、杂志、户外、电视等媒体大力宣传彩色宝石，提高彩色宝石的认知度，让更多的消费者认识并喜爱彩色宝石。

(2)大多数消费者购买彩色宝石的途径是通过专卖店购买，占44%。而对水晶类彩色宝石，消费者通常选择在小型店面购买。消费者在购买珠宝时相对亲睐传统销售方式，购买目的也主要是用来装饰，其次是用于馈赠。建议企业在销售渠道上以传统销售渠道为主，注重产品的款式开发，提供多样化的首饰以满足不同的需求。

(3)消费者可接受彩色宝石的理想价位是低于2 000元，占了34%。能够接受的最高价位呈现两级分化。建议企业在彩色宝石的定价上走中、高端路线，以中档为主。

(4)大部分消费者喜欢的促销方式是打折，占51%；其次是附送赠品，占22%。由此可知消费者在购买时注重实惠，对价格促销较为欢迎。建议企业在制定促销策略时重点考虑价格促销，采取折扣、赠品等方式。

## 8.2 能力训练

能力训练(1)：完成珠宝产品市场调查报告，报告要求及评分标准：

| | |
|---|---|
| 结构完整 | 15% |
| 思路清晰，逻辑严谨 | 25% |
| 数据详实，分析深入 | 45% |
| 文字规范简洁 | 15% |

能力训练(2)：完成珠宝产品市场调查项目总结，要求及评分标准：

| | |
|---|---|
| 项目完成情况 | 30% |
| 项目管理的不足和改进建议 | 40% |
| 项目心得体会 | 30% |

# 项目三　翡翠广告效果调查

## 项目简介

××珠宝是一家在美国纳斯达克上市的珠宝品牌企业，主营翡翠饰品，每年均投放广告，致力于品牌建设和产品推广。为了进一步提高广告的效果，××珠宝欲通过广告调查来了解已投放广告的广告效果，为制定今后的广告策略提供决策依据。

## 项目目标与要求

- 会根据翡翠广告效果调查需求撰写翡翠广告效果调查计划书
- 能够根据计划书设计调查问卷、访谈提纲，制定项目实施方案
- 能够按实施方案完成数据采集，确保数据真实，撰写实施报告
- 会使用频数分析、相关分析等方法进行数据分析，撰写数据报告
- 能够根据项目实施报告、数据报告撰写翡翠广告效果调查报告

## 项目工作任务

- 制定翡翠广告效果调查计划书
- 翡翠广告效果调查实施
- 翡翠广告效果调查数据分析
- 撰写翡翠广告效果调查报告

# 工作任务9　制定翡翠广告效果调查计划书

## 任务目标与要求

- 能够根据项目要求确定翡翠广告效果调查内容
- 能够准确选择调查方法
- 能够制定翡翠广告效果调查计划书
- 能够根据计划书设计访谈提纲、问卷

## 任务实施

### 9.1　确定翡翠广告效果调查内容

#### 9.1.1　案例解析

**【案例9-1】**　××珠宝电梯广告效果调查计划书(节选)

一、研究背景

近期,××珠宝投放了系列电梯广告,为了真实、客观地评估该电梯广告的效果,深圳市××市场研究有限公司受壹时代媒体资源的委托进行了广告效果的调查和分析,为××珠宝下一步的广告媒体策略的制定和修改提供决策依据。

二、研究目的

经过和客户的初步沟通,我们拟订出以下调查目的,供双方进一步探讨:

> 广告调查主要是广告效果调查

(1)了解小区居民对××珠宝的认知。

(2)了解××珠宝电梯广告对小区居民的心理影响效果。

(3)了解××珠宝电梯广告对小区居民购买行为的影响效果。

三、研究内容

1. 小区居民对××珠宝的认知

> 研究内容要与研究目的一致,选择合适的测试指标

(1)小区居民对××珠宝的认知。

(2)小区居民对××珠宝的认知途径。

2. ××珠宝广告对小区居民的心理影响效果

(1)××珠宝电梯广告的接触率。

(2)××珠宝电梯广告的阅读率。

(3)××珠宝电梯广告的记忆程度(广告主题、广告画面、文字内容、人物、颜色等)。

(4)小区居民对××珠宝电梯广告的接受程度。

3. ××珠宝电梯广告对小区居民购买行为的影响效果

(1)××珠宝电梯广告对小区居民购买欲望的影响。

(2)广告效果指数。

4. 小区居民的群体特征

包括性别、年龄、职业、教育程度、收入等。



### 9.1.2 知识链接

珠宝广告调查主要内容

(1)广告效果研究

1)广告媒体传播效果

了解广告投放媒体的实际接触效果,检验广告媒体投放计划是否有效,为下一次广告计划的制定和投放提供重要参考依据。主要研究内容为:

■媒体收视(听)率、阅读率。

■广告实际到达率、实际有效到达率。

■广告千人成本(CPM):表示每一千人接触媒体所需要的费用。

2)广告心理效果

测定广告对目标消费者的心理影响,了解广告在目标消费者中的心理效果的变化,即未知→认知→理解→偏好→行动。研究内容如下:

■广告认知度。

■广告的记忆度。

■对广告的理解度(主题、用语、图形记忆率、表达方式、表达主题等的理解程度)。

■所广告商品的知名度(提示知名度、未提示知名度、第一提示知名度等)。

■所广告品牌的知名度(提示知名度、未提示知名度、第一提示知名度等)。

■对所广告商品、品牌的美誉度。

■对所广告商品的品牌忠诚度。

■对所广告商品的购买意愿。

■所广告商品的实际购买率以及购买动机。

■所广告的商品向亲戚、朋友的推荐率。

3)广告销售效果

广告的最终目的是促使消费者产生购买行为,广告效果指数——*AEI* (advertising effectiveness index)是衡量广告对受众购买行为影响大小的一个重要指标,表示多少人因受到广告的影响而产生购买行为。

如下表所示，从看到广告而购买的 $a$ 人当中，减掉因广告以外影响而购买的 $(a+c)\times b/(b+d)$ 人数，得到真正因广告而唤起购买的效果，将这个人数除以全体受调查的总人数所得的值，即：广告效果指数——$AEI$。其公式如下：

$$AEI=1/N[a-(a+c)\times b/(b+d)]\times 100\%$$

广告效果指数

| 指标 | 回答 | 广告认知 | | 合计人数 |
|---|---|---|---|---|
| | | 有 | 无 | |
| 购买人数 | 有 | $a$ | $b$ | $a+b$ |
| | 无 | $c$ | $d$ | $c+d$ |
| 合计人数 | | $a+c$ | $b+d$ | $N$ |

其中：$a$ 为看过广告而购买的人数；

$b$ 为未看过广告而购买的人数；

$c$ 为看过广告而未购买的人数；

$d$ 为未看过广告亦未购买的人数。

(2)广告投放策略研究

1)目标受众研究(受众的群体特征、媒体接触习惯、广告接触习惯)。

2)广告媒体研究(媒体传播效果、媒体受众、媒体形象等)。

3)媒体投放研究(广告投放区域、投放媒体组合、投放总量、媒介排期)。

4)竞争对手媒体投放研究(广告费用、区域分配、媒体选择、品牌分布、日期安排等)。

### 9.1.3 能力训练

能力训练(1)：根据项目要求确定翡翠广告效果调查目的

翡翠广告效果调查目的：

______________________________

______________________________

______________________________

______________________________

______________________________

能力训练(2):根据项目调查目的确定调查内容

翡翠广告效果调查内容:

## 9.2 确定调查方法

### 9.2.1 知识链接

实地观察法

实地观察法是观察者有目的、有计划地运用自己的感觉器官或借助科学观察工具,能动地了解处于自然状态下的社会现象的方法。

1. 实地观察法的优点

实地观察法的最大优点是它的直观性。与直观性相联系,实地观察法的另一重要优点是它的可靠性。实地观察主要是观察者单方面的观察活动,一般不依赖语言交流,不与被观察者进行人际交往。因此,它有利于对不能够或不需要进行语言交流的社会现象进行调查,有利于排除语言交流或人际交往中可能发生的种种误会和干扰。实地观察特别是参与观察,有利于直接与被观察者接触,有利于在与被观察群体的共同活动中与被观察者建立感情、增进信任和友谊，并在此基础上深入、细致地了解被观察者在各种不同情况下的具体表现。

实地观察法简便易行，适应性强，灵活性大，可随时随地进行，观察人员可多可少，观察时间可长可短，只要到达现场就能获得一定的感性认识。因此，它是一种使用得最为广泛的调查方法。

2. 实地观察法的缺点

实地观察法的最大缺点是它的表面性和偶然性。实地观察的另一个重要缺点是受时间、空间等客观条件的限制。实地观察的对象和范围有很大的局限性。实地观察不可避免地会产生一定的观察误差，而且观察结果往往取决于观察者的主观状况。

此外，实地观察需要花费较多的人力和时间，获得的资料往往不利于进行定量研究等，也是实地观察法难以避免的缺点。

讨论：珠宝广告调查中如何运用实地观察法？

______________________________

______________________________

______________________________

______________________________

### 9.2.2 能力训练

能力训练(1)：根据项目调查内容确定调查方法

调查方法：______________________________

调查对象：______________________________

样本量：______________________________

数据分析方法：______________________________

能力训练(2)：根据项目要求确定翡翠广告效果调查的抽样方法

翡翠广告效果调查抽样方法：______________________________

______________________________

## 9.3 制定翡翠广告效果调查计划书

### 9.3.1 案例解析

**【案例 9－2】** ××珠宝电梯广告效果调查计划书

××珠宝电梯广告效果调查计划书

交待项目背景、主要研究目的等

一、研究背景

近期,××珠宝投放了系列电梯广告,为了真实、客观地评估该电梯广告的效果,深圳市××市场研究有限公司受壹时代媒体资源的委托进行了广告效果的调查和分析,为××珠宝下一步的广告媒体策略的制定和修改提供决策依据。

二、研究目的

经过和客户的初步沟通,我们拟订出以下调查目的,供双方进一步探讨:

1. 了解小区居民对××珠宝的认知

2. 了解××珠宝电梯广告对小区居民的心理影响效果

3. 了解××珠宝电梯广告对小区居民购买行为的影响效果

三、研究内容

1. 小区居民对××珠宝的认知

(1)小区居民对××珠宝的认知。

(2)小区居民对××珠宝的认知途径。

2. ××珠宝广告对小区居民的心理影响效果

(1)××珠宝电梯广告的接触率。

(2)××珠宝电梯广告的阅读率。

(3)××珠宝电梯广告的记忆程度(广告主题、广告画面、文字内容、人物、颜色等)。

(4)小区居民对××珠宝电梯广告的接受程度。

3. ××珠宝电梯广告对小区居民购买行为的影响效果

(1)××珠宝电梯广告对小区居民购买欲望的影响。

(2)广告效果指数。

4. 小区居民的群体特征

包括性别、年龄、职业、教育程度、收入等。

四、研究方法

(1)调查区域及对象:深圳市住宅小区居民(不包括关外)。

注:本次调查将小区访客也包括在小区居民内,统称为小区居民。

(2)调查方法:在住宅小区入户访问。

(3)抽样方法:判断抽样。

(4)样本量：根据置信度与误差的要求及统计分析的需要，样本量设计为400个。

调查方法包括访问方法、抽样方法、样本量等

五、研究成果

依据调查结果，将形成《××珠宝电梯广告效果调查报告》中文报告一式两份，电子版报告一份。××市场研究公司将无偿为委托人提供一次全面的口头报告陈述。

六、质量控制

为了保证调查数据的真实可靠，××市场研究公司制定了一系列严格的行之有效的质量控制措施。

质量控制措施要切实可行，确保数据准确

(1)××市场研究公司将严格按ESMAR行业规范运作项目，坚持科学性、客观性和保密性原则。

(2)××市场研究公司研究人员和执行人员与客户始终保持沟通，及时有效地解决项目实施过程中的问题，并将全过程开放，接受客户的监督和双重质量的控制。

(3)××市场研究公司所有项目文件的制定和实施，必须得到项目经理的认可和委托方的认可。

(4)每个项目均成立项目小组，所有计划和结果均来源于集体的讨论，在多大的程度来源于经验或统计方法，在每一步都会有详细的说明。

(5)所有项目参与人员均需经过严格培训。

(6)所有问卷或提纲的设计必须进行试访，在正常情况下，必须使用统计方法检验问卷问题的效用。

(7)多级质量控制。××市场研究公司的问卷完成需经过三个部门的审核、复核，而三个部门分属不同的主管，保证每个问卷三重过滤，不会出现互相包庇的现象。具体量化指标为：抽样复核比例≥30%，有效复核率≥80%，问卷合格率≥90%，复核一致率≥80%。

(8)委托方享有调查的所有研究成果，受托方不得以任何形式将其透露给任何第三方，所有原始资料受托方依据统计法使用并保存18个月以上。

七、项目进度

自项目确认、合同签定之日起，本项目共需31日(含节假日)。具体时间安排略。

八、项目预算

1. 项目研究费用

本项目的研究费用共计36 000元。入户访问的每个样本为90元，共400个样本。

费用说明：上述报价主要包括方案设计、资料和数据的购买、礼品费、访问员劳务费、数据处理、研究分析及报告撰写的费用。

2. 付款方式

项目确认、双方签定合同之日委托方预付全部费用的50%，研究报告经委托方验收通过后，委托方于一周内(7天)付清余下费用。

九、研究人员

本项目我们将使用有相当研究经验的研究人员组成项目小组。具体人员介绍略。

### 9.3.2 能力训练

能力训练：完成翡翠广告效果调查计划书，计划书要求及评分标准：

| | |
|---|---|
| 结构完整 | 15% |
| 目的明确 | 25% |
| 内容合理、调查方法准确 | 35% |
| 进度、人员安排合理 | 15% |
| 文字规范简洁 | 10% |

## 9.4 设计问卷

### 9.4.1 案例解析

问卷的结构包括标题、前言、正文和结束语

**【案例 9－3】** ××珠宝电梯广告效果调查问卷

前言部分向被访者简单介绍问卷内容，征得被访者同意

尊敬的女士/先生：

您好。我是深圳××市场研究有限公司的访问员，有几个有关珠宝广告的问题想请教您。耽搁您一会儿，可以吗？谢谢！

**甄别问卷**

S1. 请问您的年龄是？

1. 不到 20 岁——→终止访问　　2. 20～30 岁　　3. 31～40 岁　　4. 41～50 岁

5. 51 岁以上

S2. 请问您和您的家人有在以下单位工作的吗？

1. 市场研究公司　　2. 电台、电视台、报纸、杂志等新闻单位

3. 珠宝行业　　4. 以上都没有

答 1、2、3 者终止访问

S3. 您在过去的 3 个月内有没有接受过有关××珠宝广告方面的调查？

1. 有——→终止访问　　2. 没有

甄别问题剔除不符合访问条件的被访者

Q1. 请问您对××珠宝有了解吗？

1. 很了解　　2. 听说过，但了解不多　　3. 听说过，但不了解

4. 没听说过——→跳问 Q3

Q2. 您是通过什么渠道了解到××珠宝的？（多选）

1. 电视　2. 报纸　3. 广播　4. 网络　5. 巴士广告　6. 候车亭广告

7. 电梯广告　8. 其他______（请注明）

Q3. 请问您看到过××珠宝的电梯广告吗？

1. 看到过　2. 没有——→跳问 Q14

Q4. 您每天大概看到几次××珠宝的电梯广告？

1. 每天少于 1 次　2. 每天 1～2 次　3. 每天 3～4 次　4. 每天 4 次以上

Q5. 您阅读过××珠宝的电梯广告吗？

1. 阅读过　2. 没有——→跳问 Q9

注意问题的逻辑顺序

Q6. 您能够回忆起××珠宝电梯广告的内容吗？

1. 记得　2. 记得一点　3. 不记得了

广告主题______________

广告画面______________

人物　______________

文字内容______________

颜色　______________

Q7. 您对这个广告的评价如何？

| | 好 | 一般 | 不好 |
|---|---|---|---|
| 广告创意 | 3 | 2 | 1 |
| 表达方式 | 3 | 2 | 1 |
| 主题 | 3 | 2 | 1 |
| 制作水平 | 3 | 2 | 1 |

Q8—a. 请问您对该广告的态度如何？

1. 很喜欢　2. 喜欢　3. 一般　4. 不太喜欢　5. 不喜欢

Q8—b. 其原因是________________________________________

Q9—a. 在您看来××珠宝有哪些优点？____________________

Q9—b. 在您看来××珠宝有哪些缺点？____________________

Q10. 您会购买××珠宝吗？

1. 会购买　2. 可能会　3. 说不清楚　4. 不会　答 3、4 者跳问 Q14

Q11. 您购买××珠宝后，您会向亲友推荐吗？

1. 会推荐　2. 可能会　3. 说不清楚　4. 不会

Q12—a. 如果您需要再次购买珠宝，您还会选择××珠宝吗？

1. 会　2. 可能会　3. 说不清楚　4. 不会

Q12—b. 为什么？______________________________

Q13. 关于××珠宝的购买，您属于下面的那种情况？

1. 看到过××珠宝电梯广告，购买了××珠宝。

2. 看到过××珠宝电梯广告,没有购买××珠宝。

3. 没有看到过××珠宝电梯广告,购买了××珠宝。

4. 没有看到过××珠宝电梯广告,没有购买××珠宝。

Q14. 请问您能回忆起电梯广告上宣传的哪几个珠宝类的品牌? ________

Q15. 您会购买电梯广告上宣传的珠宝类产品或服务吗?

1. 会　　2. 可能会　　3. 说不清楚　　4. 不会

过渡语句说明收集信息的目的，要求访问员一定要逐字朗读

最后,想了解几个有关您个人的问题,仅供资料分析使用,请勿介意。

G1. 请问您是这个小区的住户吗?

①是　　②不是

G2. 请问您的教育程度是:

①初中及以下　　②高中或中专　　③大专　　④本科　　⑤硕士及以上

G3. 请问您的职业是:

①公务员或事业单位工作人员　　②公司普通职员　　③企业高级管理人员

④私营业主　　⑤自由职业者　　⑥离退休人员　　⑦其他______(请注明)

G4. 请问您的家庭月收入是:

①2 000 元以下　　②2 001～5 000 元　　③5 001～8 000 元　　④8 001～10 000 元

⑤10 001～20 000 元　　⑥20 001～30 000 元　　⑦30 001～50 000 元　　⑧50 000 元以上

访问员记录:被访者性别　　①男　　②女

感谢您的参与!

被访者姓名:　　　　电　话:

被访者住址:　　　　访问日期:

访问共用时间:　　开始时间:　　结束时间:

访问员姓名:　　　　一　审:

结束语部分主要记录相关访问信息，便于问卷审核和复核工作

## 9.4.2　知识链接

(1)问题的设计

1)排序题

排序题的特点是使被调查者选择的答案呈现出顺序。

例:您购买珠宝首饰时主要考虑的因素(请将所给答案按重要顺序排序,将顺序号填写在左边的方框中):

□品牌　　□价格　　□款式　　□售后服务　　□质量　　□其他____(请注明)

2)量表式问题

数值尺度题是此类问题的常见形式，这种问题由调查者列出不同强烈程度的几个答案供被调查者选择，通常有三点尺度、五点尺度和七点尺度等，主要有线段式、矩阵式和表格式等表现形式。

例如：您对以下珠宝促销方式的评价是：

| | 很喜欢 | 喜欢 | 一般 | 不太喜欢 | 不喜欢 |
|---|---|---|---|---|---|
| 打折 | | | | | |
| 优惠券 | | | | | |
| 抽奖 | | | | | |
| 赠送礼品 | | | | | |
| 积分 | | | | | |
| 送现金 | | | | | |

(2)问题设计注意事项

1)根据调查计划书设计问题

问题设计应严格遵守调查计划书上的相关调查内容，不可以擅自更改或删减。

2)避免使用过于专业化的词语

如“水头”、“素金”等，普通被访者可能不理解其意思。

3)用词避免过于抽象

不宜使用一些形容词，如“普通”、“经常”、“著名”等，对于这些词语人们的理解往往不同，在回答中没有确定的答案。

4)不应将两个问题合并为一个

例如，您听说过祖母绿和欧泊吗？这是两个问题。

5)问题避免过多的计算

这样可以减少被访者的负担。如您每年的珠宝投入是多少？效果不太好，可以改为请问您每年的珠宝投入大概是多少？

### 9.4.3 能力训练

根据计划书确定问题点，并将问题点转换为实际的问题，设计完整的调查问卷。

问卷要求及评分标准：

结构完整，逻辑清晰　　15%

问卷内容与计划书一致　　25%

问题选项设置合理　　35%

进行试访　　25%

# 工作任务10　翡翠广告效果调查实施



## 任务目标与要求

● 能够根据项目计划书制定翡翠广告效果调查实施方案
● 能够完成访问员培训
● 能够准确完成数据采集

## 任务实施

### 10.1　制定翡翠广告效果调查实施方案

#### 10.1.1　案例解析

**【案例10－1】** 珠宝电梯广告效果调查项目实施方案

一、项目简介

（1）项目名称：××珠宝电梯广告效果调查。

> 简单介绍项目委托方、研究目的，便于实地实施人员操作

（2）研究目的：

■ 了解小区居民对××珠宝的认知。

■ 了解××珠宝电梯广告对小区居民的心理影响效果。

■ 了解××珠宝电梯广告对小区居民购买行为的影响效果。

二、研究方法

（1）访问方法：入户访问。

> 调查方法应严格按照计划书执行

（2）调查区域：中海华庭、碧荔花园、金海燕花园、新生浩城花园、浪琴屿、国兴大厦、缤纷假日花园。

（3）抽样方法：判断抽样。

（4）样本：400个。

三、项目进度安排

项目培训时间：2008年9月20日下午2∶00。

项目培训地点：××市场研究有限公司会议室。

问卷调查：2008年9月20日至2008年9月23日。

四、质量控制

质量控制措施要具体，具有可操作性

为了确保数据的准确性，我们成立了一个专门的小组对样本质量进行监督，确保数据的正确、客观。

(1)现场督导：负责实地监督整个项目，审核完成问卷是否完整，有无遗漏，可否补救；了解每天访问出现的问题并及时解决；了解控制整个项目的调查进度。

(2)日进度表：我们对每天的工作进度进行小组核查、审改，并随时与客户进行密切地沟通。

(3)问卷复核：问卷经三层复核。抽样复核比例≥30%，有效复核率≥80%，问卷合格率≥90%，复核一致率≥80%。

(4)数据录入方式：采用双录入的形式，避免录入错误。

### 10.1.2 能力训练

根据翡翠广告效果调查计划书制定翡翠广告效果调查实施方案，方案要求及评分标准：

| | |
|---|---|
| 结构完整，逻辑清晰 | 15% |
| 实施方法与计划书一致 | 25% |
| 质量控制措施有效 | 30% |
| 人员、进度安排合理 | 30% |

## 10.2 数据采集

### 10.2.1 知识链接

访问员入户访问的技巧

(1)如何入户

1)引见

由调查对象的熟人或亲戚朋友介绍。这种方式能确保访问者不被拒访，也容易建立良好的访问气氛。

2)约访

对于一些规模较大的调查对象，在上门调查前，应首先通过电话等方式与其进行访问约定。

3)邀请陪访

邀请能消除被调查者疑虑的人员一同入户访问，如社区工作人员等，可以提高访问率。

4)获得帮助

持介绍信或证明取得居委会的支持和帮助。居委会出面帮助联系，也有助于提高访问率。

5)自我介绍

通过自我介绍使调查对象接受访问。这是大多数调查人员经常采用的方式,进入封闭小区后,按“横到边,竖到顶”的原则,逐一进行入户访问。调查人员通常都是作为“陌生人”出现在被调查者面前的,因此,同被调查者见面时的第一印象十分重要。调查能否顺利进行,在一定程度上也与这种最初的见面和接触有关。



被调查者往往根据访问员的服饰、发型、性格、年龄、声调、口音等来决定是否采取合作态度。因此,访问员必须仪容端正、用语得体、口齿伶俐、态度谦和礼貌,给人亲切感,使被调查者放心地接受访问。通常情况下,调查人员需要通过敲门才能进入调查对象的家,这时,调查人员要注意敲门的声音和节奏。敲门要富有节奏,声音和次数要适中,敲门声太小、太大、太急、太长都会招致被调查对象的反感。

例:“您好,我是××大学的学生,利用假期勤工俭学,我们正在为××公司做一项有关珠宝的市场调研,而您被抽选为代表之一,我能占用您一点时间吗?希望得到您的配合。”访问人员应当避免使用诸如“我可以进来吗?”“我可以问您几个问题吗?”这类请允许访问的问题,因为在这些情况下,人们更易拒绝参与或不情愿地接受访问。可以提及有小礼品或纪念品以示谢意,但切不可过分提及礼品,以免使调查对象感觉难堪,有贪小便宜之嫌,反而拒绝接受访问。如果被拒绝,调查员应采用“谢谢”、“打扰了”这一类礼貌用语,切不可拂袖而去,否则容易对委托企业的公众形象产生不好的影响。

(2)如何开场

好的开场白的标准是:简明扼要、意图明确、重点突出、亲和力强。开场白的内容主要是解释你是做什么的(即说明调查者的身份)、你想干什么(来访目的)、为什么要进行这次访问(即调查的性质和大致内容),并解释怎么会抽选到该调查对象,说明不会占用对方太多时间、对数据安全及保密性的承诺,以及表示希望得到对方的支持等等。开场前,访问员要出示有关证件或告知书(政府调查时用),以表明身份。入门后注意适当寒暄,以调节良好气氛,提高访问质量;主动选择甚至搬、拿干净的桌凳,或选择有沙发、茶几的地方;要坐在被访者的右侧或对面,以便察言观色,及时了解被访者的配合程度和对问题的理解程度,改进访问技巧。

(3)如何询问

1)询问时应遵循规则

■ 始终保持中立。大多数被调查者出于礼貌,喜欢按调查人员所期望的要求回答问题,因此,调查人员绝对不要通过脸部表情或声音提示被调查者回答的正确或错误。

■ 绝不要向被调查者提示答案。当被调查者回答犹豫不决时,不要用“我想您的意思是……对吗?”这样的话来提示。即使你对被调查者回答的解释并非被调查者本身的意愿,出于礼貌,他往往也会同意你的解释。被调查者不能理解某问题,调查人员应缓慢而清楚地重复一遍该问题。若被调查者仍未理解,则设法解释该问题,但注意不要改变问题的原意,力求提供最少的信息以得到恰当的答复。

■ 对被调查者不要有任何期望，即对被调查者的能力和知识不要有任何期望。如果被调查者认为你和其他人不同，他就可能会对你产生不信任感。你的言谈举止应使被调查者情绪放松并感到和你交谈很随意、很舒畅。

■ 不要匆忙提问。提问的语速要缓慢，以确保被调查者理解问题的含义。提问后稍作停顿，给被调查者充分的时间考虑。若被调查者感到时间急促而无暇思考或阐述自己的观点，则可能回答"我不知道"，或回答错误，或者敷衍了事。如果你感觉被调查者只是为了加快访问速度而不假思索地回答问题，则可以告诉被调查者："不用急，您的观点很重要，所以请仔细考虑后回答。"

■ 千万不要总是低头念题、记录。调查人员要事先熟悉问题，视线要与被调查者有交流，同时也便于观察被调查者的表情。

2)记录开放式问题规则

在访问期间记录回答；使用应答者的语言；不要摘录或释义应答者的回答；记录与问题目标有关的一切事物，包括所有追问。

(4)如何不被拒访

拒绝访问是市场调查中常见的现象，也是市场调查要努力解决的问题之一。拒访的比例因调查方法的不同而异，也因国家或地区的不同而异。研究发现，美国和欧洲人的拒访率比日本人低。在我国，一般来说，越是经济发达的地区，拒访的比例越高。此外，拒访也因人而异，经济收入较高的家庭比经济收入一般或较低的家庭拒访的可能性要大，职位较高的人比职位较低的人的拒访率要高。

1)拒访的原因

拒访的情况一般有两种：一种是中途拒访；另一种是开始时拒访。

中途拒访是指访问进行到一定程度之后，拒绝访问进行下去。出现这种现象的原因有主客观两个方面。主观的原因包括：问题不好回答或不便回答，如婚姻、家庭、经济收入等隐私问题，意见、看法等开放性问题，以及需要极力去回忆的问题等；问卷太长、完成问卷需要较长的时间。例如，有些市场调查问卷需要 1～2 个小时才能结束，受访者开始时认为只要一会儿就可以结束，但当访问进行了一段时间之后发现还有很多问题有待回答，因而产生厌烦情绪而拒绝继续接受访问。客观的原因包括有人拜访需要接待、突然有急事需要处理等。

开始时拒访是指在访问还没有正式开始就拒绝访问。这种现象也有主客观两方面的原因。主观原因包括以下两点：一是讨厌接受调查。有的受访者曾经接受过或听说过类似调查，对调查有了一定的了解，因为不愉快的经历或怕麻烦而断然拒绝接受访问。二是对访问员不放心，担心遭抢劫或财物被盗。这种现象特别容易发生在受访者家中没有成年男子而访问员为青年男性时。客观原因有受访者家有客人，即访问员入户时碰巧受访者在接待客人；受访者有事要处理；受访者身体不适，如生病或心情不好。

在实际调查中，拒访者拒访时通常会作出各种反应。常见的反应有：

■ 冷漠拒之。这种情况是指受访者了解了访问员的身份和意图之后，由于主观的原因，断然拒绝接受访问，连门都不让进。

■ 婉言谢绝。许多受访者比较文明，不管是因为主观原因还是客观原因，当他决定拒绝接受访问时，会找出种种理由来拒绝。

■ 愤怒拒绝。访问员在访问时，有时候也会碰到个别涵养比较差的受访者，一听说访问员来作市场调查，就出口伤人，把访问员轰走。这种情况通常与受访者当时的心情不好以及一些不愉快的经历有关。

2）拒访的对策

在多数情况下，受访者如果要拒绝访问员的访问，通常会找出各种各样的借口，所以在访问过程中，为了减少被拒绝的可能性，访问员要多想想受访者可能提出的拒访借口及回应对策，下面举几个实例供参考：

■ 太忙——完成调查只需几分钟，或××时候再来访问可以吗？

■ 身体不舒服——对不起，打搅了，××时候再来访问可以吗？

■ 年龄大——我们正需要听听您的意见。

■ 不好答、不会答——问题一点也不难，答案无所谓对或错，很多人都做过，而且都做得很好。

■ 不感兴趣——我们是抽样调查，每一个被抽到的人的意见都很重要，否则结果就会产生偏差，请您协助一下。

■ 不便说——能理解，这也是为什么调查都是保密的原因。我们不要求您填上姓名，调查结果也不是一个人的意见。

■ 我不太了解情况，访问别人更合适——没关系，您把您知道的说出来就可以了。

■ 您的问题太多——对不起，问题看起来是多一点，但都很简单。

■ 不懂得填写——没关系，很简单，我给您讲一讲，您就会了。

■ 不识字、不会做——没关系，我们不要您填写，只要您回答问题就行了。

### 10.2.2 能力训练

能力训练(1)：入户访问模拟

内容：了解广告效果

要求：按要求完成问卷上的所有问题

能力训练(2)：根据翡翠广告效果调查实施方案完成实地实施

## 10.3 撰写项目实施报告

### 10.3.1 案例解析

**【案例 10-2】** ××珠宝电梯广告效果调查项目实施报告

## 项目实施报告

介绍项目实施情况，事关数据的真实性，非常重要

1.研究目的

(1)了解小区居民对××珠宝的认知。

(2)了解××珠宝电梯广告对小区居民的心理影响效果。

(3)了解××珠宝电梯广告对小区居民购买行为的影响效果。

2.调查区域及对象

深圳市住宅小区居民(不包括关外)。

注:本次调查将小区访客也包括在小区居民内,统称为小区居民。

3.调查方法

入户访问。

4. 样本量

根据置信度与误差的要求及统计分析的需要,样本量设计为400个。

5. 项目执行过程

<table>
<tr><td>执行方式</td><td colspan="4">入户访问</td></tr>
<tr><td>执行地区</td><td colspan="4">中海华庭、碧荔花园、金海燕花园、新浩城花园、浪琴屿、国兴大厦、缤纷假日花园</td></tr>
<tr><td>项目督导</td><td colspan="4">王　辉</td></tr>
<tr><td>项目培训</td><td colspan="4">张海燕</td></tr>
<tr><td rowspan="2">人员安排</td><td>访问员</td><td>18名</td><td>现场督导</td><td>7名</td></tr>
<tr><td>审卷员</td><td>王　辉</td><td>复核员</td><td>张海燕</td></tr>
<tr><td>执行进度</td><td colspan="4">9月19日　访问员培训<br>9月20日～9月22日　拦截访问<br>9月21日～9月22日　问卷复核</td></tr>
<tr><td>项目完成情况</td><td colspan="4">共拦截访问445个样本,其中拒访21个,不符合甄别条件10个,剔除无效问卷6份,共回收有效问卷408份</td></tr>
</table>

6.质量控制

重点描述实施过程中出现的问题及解决方法

(1)所有项目参加人员都经过培训。

(2)每个现场安排一名督导负责审卷、现场抽样甄别,及时发现问题,及时解决问题。

(3)访问员聘请有访问经验的大学生,佩带学生证,拒访率较低。

(4)访问员在现场先试访一份问卷，督导进行试访小结后再进行正式访问。

(5)严格控制，按计划完成样本量。回收问卷中有8份为备用问卷，达到样本量要求。

(6)问卷完成经过三个部门审核、复核，而三个部门分属不同的主管，保证每个问卷三重过滤。具体量化指标为：抽样复核比例≥30%，有效复核率≥80%，问卷合格率≥90%，复核一致率≥80%。本次调查的抽样复核比例为45%，有效复核率为90%，问卷合格率为97%，复核一致率为89%，符合要求。

注：抽样复核比例＝复核的问卷数/问卷总数

复核有效率＝可以复核到的问卷/留有电话的问卷总数

问卷合格率＝复核成功不存在问题的问卷/复核的问卷总数

复核一致率＝(单份问卷)复核问题相符总数/复核的问题总数



### 10.3.2 能力训练

能力训练：撰写实地实施报告，报告要求及评分标准：

| | |
|---|---|
| 质量控制有效 | 45% |
| 进度、人员安排合理 | 25% |
| 按计划书要求完成 | 20% |
| 结构完整，格式正确 | 10% |

# 工作任务11 翡翠广告效果调查数据分析

## 任务目标与要求

- 能够准确完成数据录入及分析
- 能够根据数据分析结果撰写数据报告

## 任务实施

### 11.1 案例解析

**【案例11-1】** ××珠宝电梯广告效果调查数据分析报告

一、频数分析

表 11－1　年龄

| | | Frequency | Percent | Vaild Percent | Cumulative Percent |
|---|---|---|---|---|---|
| Valid | 20～30 | 176 | 65.9 | 66.9 | 66.9 |
| | 31～40 | 60 | 22.5 | 22.8 | 89.7 |
| | 41～50 | 14 | 5.2 | 5.3 | 95.1 |
| | 51 以上 | 13 | 4.9 | 4.9 | 100.0 |
| | Total | 263 | 98.5 | 100.0 | |
| Missing | System | 4 | 1.5 | | |
| Total | | 267 | 100.00 | | |

频数分析表

二、相关分析

调查显示，被访小区住户中看到过某珠宝电梯广告的近七成(见图 11－1)。由于本次调查正处于中秋期间，被访者中有部分小区访客，约占四成左右。小区访客中也有 33.6%看到过某珠宝广告。

| | 住户 | 访客 |
|---|---|---|
| 看到过 | 66.4 | 33.6 |
| 没有看到 | 33 | 67 |

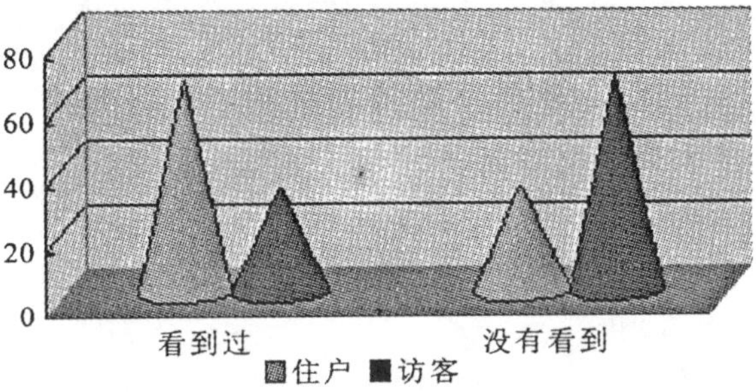


了解渠道与被访者身份作相关分析

图 11－1　××珠宝电梯广告的接触情况

电梯广告凭借其较高的接触频率和良好的传播效果成为继报纸、电视之后小区居民了解某珠宝的主要信息渠道(见图 11－2)。尤其对小区住户而言，电梯广告是仅次于报纸(48.1%)、电视(44.4%)的第三大信息渠道，比例达 38.5%，明显高于巴士广告(16.3%)和候车亭广告(15.6%)。

| | 住户 | 访客 |
|---|---|---|
| 电视 | 44.4 | 41.9 |
| 报纸 | 48.1 | 48.8 |
| 广播 | 15.6 | 20.9 |
| 网络 | 25.9 | 24.4 |
| 巴士广告 | 16.3 | 19.8 |
| 候车亭广告 | 15.6 | 22.1 |
| 电梯广告 | 38.5 | 18.6 |
| 其他 | 15.6 | 12.8 |

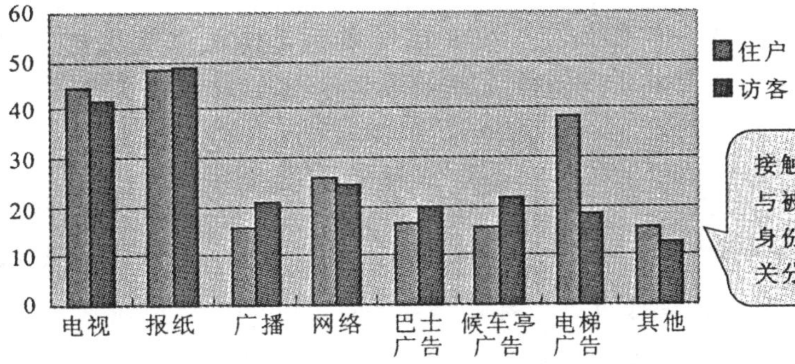


接触情况与被访者身份作相关分析

图 11－2　了解某珠宝的渠道

## 11.2 能力训练

能力训练(1):完成数据录入及分析

能力训练(2):根据数据分析结果完成数据报告,报告要求及评分标准:

| | |
|---|---|
| 结构完整 | 15% |
| 思路清晰,逻辑严谨 | 25% |
| 数据详实,分析深入 | 45% |
| 文字规范简洁 | 15% |



# 工作任务12 撰写翡翠广告效果调查报告

## 任务目标与要求

- 能够根据项目实施报告、数据报告撰写翡翠广告效果调查报告
- 能够完成项目口头报告
- 能够完成项目总结

## 任务实施

## 12.1 案例解析

**【案例12-1】** ××珠宝电梯广告效果调查报告

近期,××珠宝投放了系列电梯广告,为了真实、客观地评估该电梯广告的广告效果,深圳市××市场研究有限公司受壹时代媒体资源的委托进行了广告效果的调查和分析,为××珠宝下一步的广告媒体策略的制定和修改提供决策依据。

**项目实施报告**

介绍项目实施情况,事关数据的真实性,非常重要

1. 研究目的

(1)了解小区居民对××珠宝的认知。

(2)了解××珠宝电梯广告对小区居民的心理影响效果。

(3)了解××珠宝电梯广告对小区居民购买行为的影响效果。

2. 调查区域及对象

深圳市住宅小区居民(不包括关外)。

注:本次调查将小区访客也包括在小区居民内,统称为小区居民。

3. 调查方法

入户访问。

4. 样本量

根据置信度与误差的要求及统计分析的需要,样本量设计为400个。

5. 项目执行过程

| | | | | |
|---|---|---|---|---|
| 执行方式 | 入户访问 | | | |
| 执行地区 | 中海华庭、碧荔花园、金海燕花园、新浩城花园、浪琴屿、国兴大厦、缤纷假日花园 | | | |
| 项目督导 | 王　辉 | | | |
| 项目培训 | 张海燕 | | | |
| 人员安排 | 访问员 | 18名 | 现场督导 | 7名 |
| | 审卷员 | 王　辉 | 复核员 | 张海燕 |
| 执行进度 | 9月19日　访问员培训<br>9月20日～9月22日　拦截访问<br>9月21日～9月22日　问卷复核 | | | |
| 项目完成情况 | 共拦截访问445个样本,其中拒访21个,不符合甄别条件10个,剔除无效问卷6份,共回收有效问卷408份 | | | |

重点描述实施过程中出现的问题及解决方法

6. 质量控制

(1)所有项目参加人员都经过培训。

(2)每个现场安排一名督导负责审卷、现场抽样甄别,及时发现问题,及时解决问题。

(3)访问员聘请有访问经验的大学生,佩带学生证,拒访率较低。

(4)访问员在现场先试访一份问卷,督导进行试访小结后再进行正式访问。

(5)严格控制,按计划完成样本量。回收问卷中有8份为备用问卷,达到样本量要求。

(6)问卷完成经过三个部门审核、复核,而三个部门分属不同的主管,保证每个问卷三重过滤。具体量化指标为:抽样复核比例≥30%,有效复核率≥80%,问卷合格率≥90%,复核一致率≥80%。本次调查的抽样复核比例为45%,有效复核率为90%,问卷合格率为97%,复核一致率为89%,符合要求。

注:抽样复核比例=复核的问卷数/问卷总数

复核有效率＝可以复核到的问卷/留有电话的问卷总数

问卷合格率＝复核成功不存在问题的问卷/复核的问卷总数

复核一致率＝(单份问卷)复核问题相符总数/复核的问题总数

## 数据报告



一、小区居民对××珠宝的认知

××珠宝经过各媒体和企业的推广和介绍后，小区居民对它了解多少呢？调查结果显示，在小区居民中有56.6%对××珠宝一般了解，很了解的占9%，而没听说过的占34.4%(图12-1)。可以说，小区居民对××珠宝的认知程度较高。

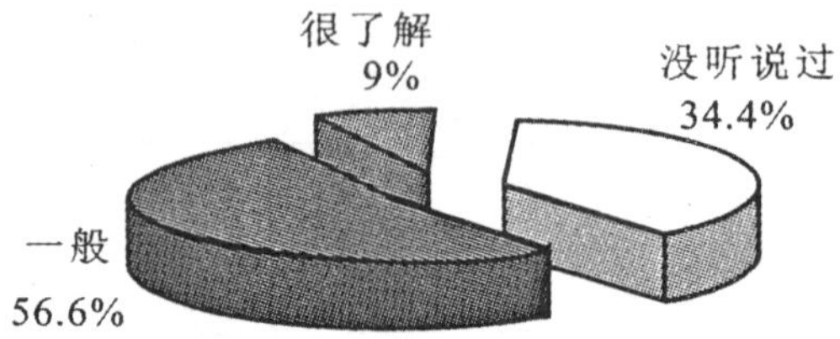


图12-1　小区居民对××珠宝的了解程度

小区居民了解××珠宝依次是通过报纸、电视、电梯广告、网络等渠道(图12-2)。

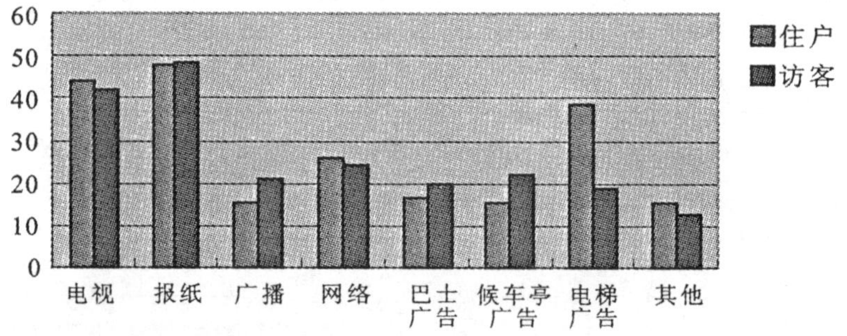


图12-2　了解××珠宝的渠道

可以看出，由于报纸图文并茂、传播信息量大，因而成为人们了解××珠宝的首要渠道。电梯广告凭借其较高的接触频率和良好的传播效果成为继报纸、电视之后小区居民了解××珠宝的主要信息渠道。尤其对小区住户而言，电梯广告是仅次于报纸(48.1%)、电视(44.4%)的第三大信息渠道，比例达38.5%，明显高于巴士广告(16.3%)和候车亭广告(15.6%)。

二、××珠宝广告对小区居民的心理影响效果

1.××珠宝电梯广告的接触率

随着小区电梯广告的日益普及，越来越多的产品广告进入到居民小区中。××珠宝的电梯广告在被访小区中均有投放，投放时间从一个月到三个月不等。在这段时间里，小

区居民有多少人看到了××珠宝的电梯广告呢？调查显示，被访小区住户中看到过××珠宝电梯广告的近七成(图 12－3)。由于本次调查正处中秋期间，被访者中有部分小区访客，约占四成左右。小区访客中也有 33.6%看到过××珠宝电梯广告。

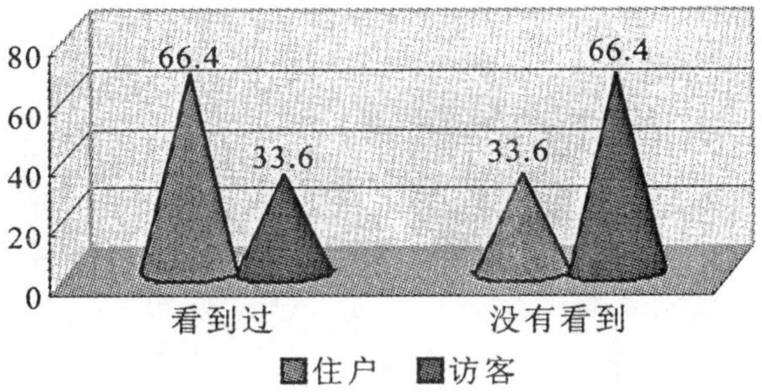


图 12－3　××珠宝电梯广告的接触情况

在看过××珠宝电梯广告的小区住户中有近四成半每天接触 1～2 次，三成多每天接触 3 次及以上，而接触 1 次以下的仅为两成左右(图 12－4)。

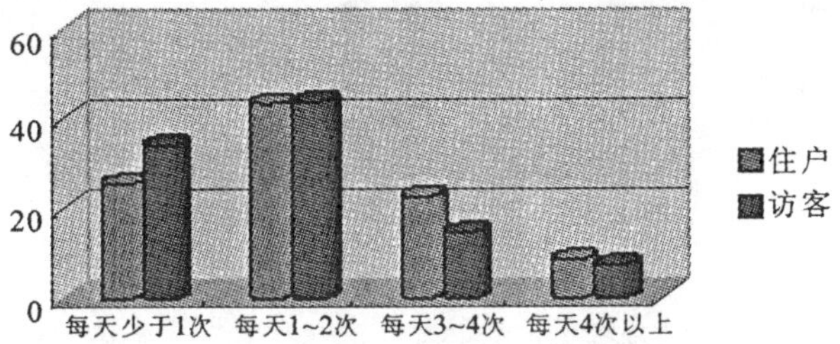


图 12－4　××珠宝电梯广告的接触频率

由此可见，××珠宝的电梯广告具有较高的接触率，并且，节假日访客的增多扩大了广告的传播效果。

2. ××珠宝电梯广告的阅读率

在广告对受众的心理影响过程中，阅读是必不可少的一个环节。通过阅读广告，受众获得广告所要传递的信息并对信息产生反应，如态度、观念的改变、产生购买欲望、购买行为等。因此，阅读率是评估广告效果的一个重要指标。

本次调查中，在看过××珠宝电梯广告的被访小区居民中阅读过该广告的比例为 64.9%，近六成半(图 12－5)。这说明××珠宝电梯广告的阅读率较高。

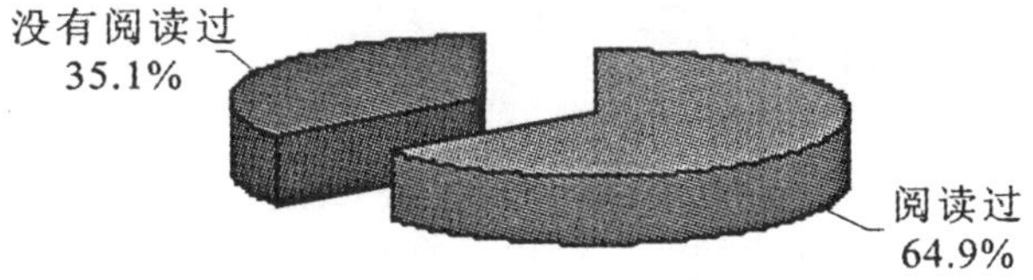


图 12－5　××珠宝电梯广告的阅读情况

3. ××珠宝电梯广告的记忆程度

小区受众在阅读过××珠宝电梯广告之后，留下了什么样的记忆？本次调查从广告主题、广告画面、文字内容、人物、颜色五个方面来测试小区受众对××珠宝广告的记忆程度，调查结果如图12－6～图12－9所示：

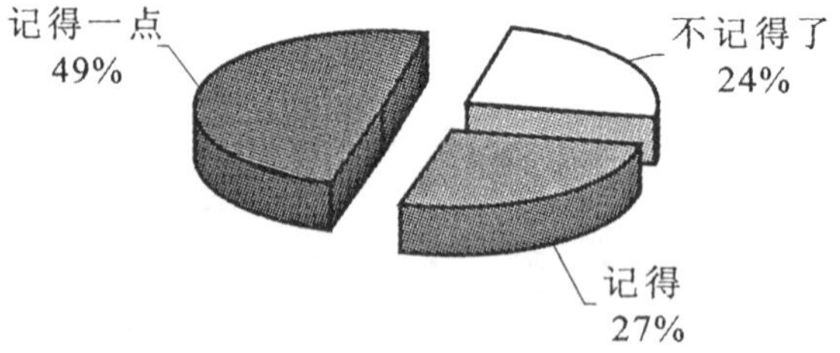


图12－6　广告画面的记忆情况

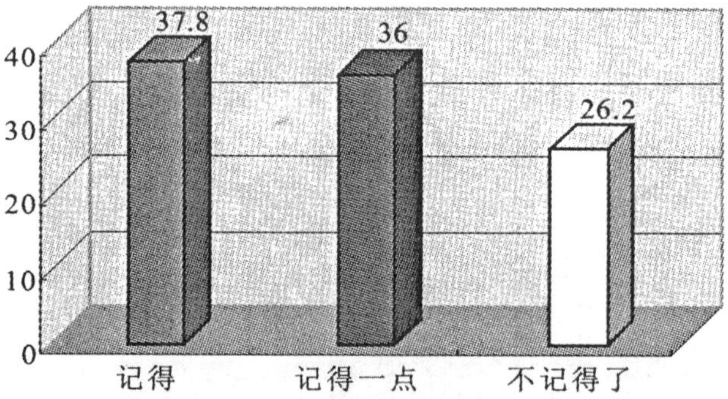


图12－7　广告人物的记忆情况

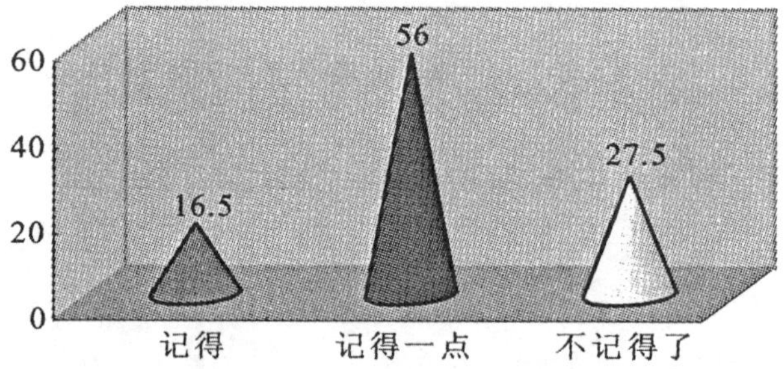


图12－8　文字内容的记忆程度

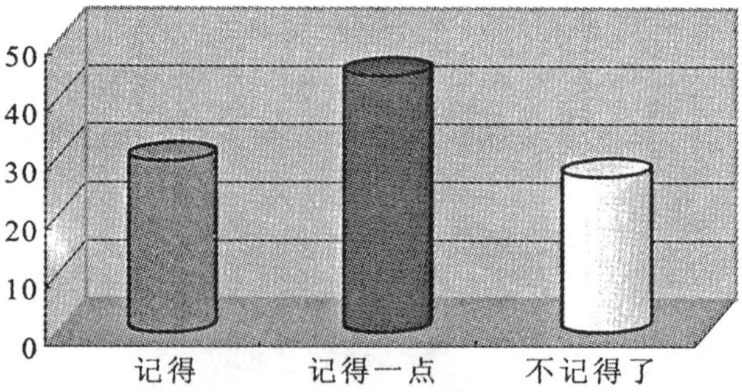


图12－9　颜色的记忆程度

总体来说，小区受众对广告人物、广告主题、广告画面、颜色印象较深，而对于文字内容则相对记忆程度较低，记得的比例仅为16.5%。这可能与人们在电梯里停留的时间较短，来不及仔细阅读文字有关。

4.小区居民对××珠宝电梯广告的接受程度

(1)小区居民对××珠宝电梯广告的态度。被访小区居民中对××珠宝电梯广告表示很喜欢的有5%，表示喜欢的占42%，五成态度中立，仅有3%持否定态度(图12-10)。进一步追问其原因，我们发现小区居民喜欢该广告的原因主要是喜欢广告人物、广告创意好、通俗易懂等。不喜欢主要是因为感觉广告虚假成分多，这可能是广告界虚假广告所造成的负面影响。可见，××珠宝电梯广告受到多数人的喜爱。

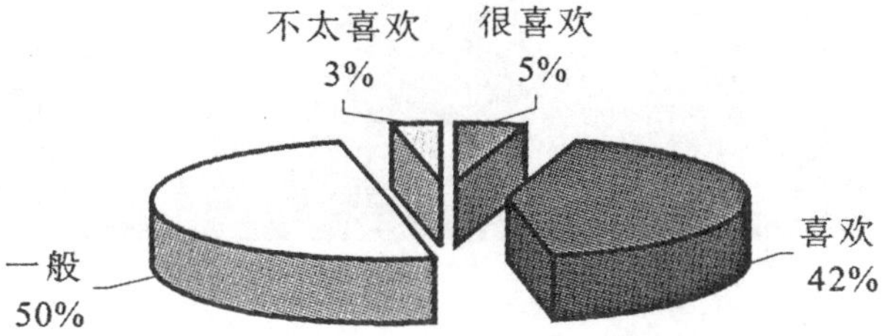


图12-10 对广告的态度

(2)小区受众对××珠宝电梯广告的评价。本次调查中，小区受众对××珠宝电梯广告的广告创意、表达方式、广告主题、制作水平四个方面进行了评价，结果如图12-11～图12-14所示：

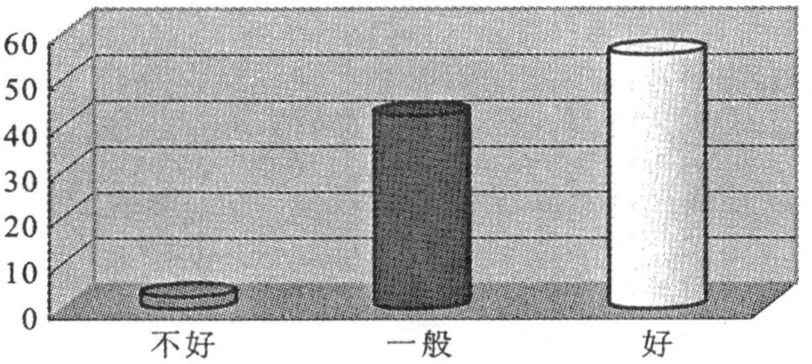


图12-11 对广告创意的评价

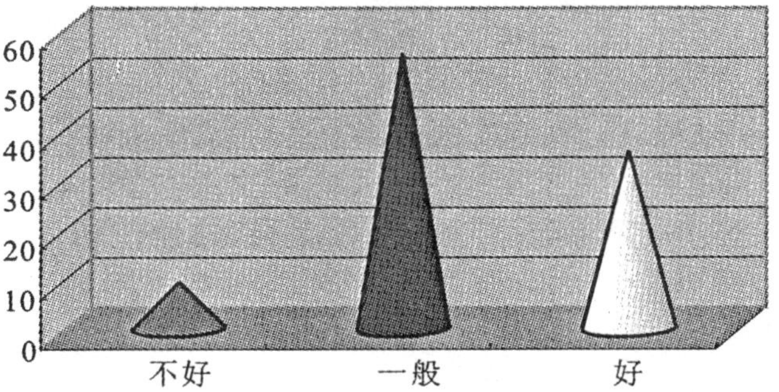


图12-12 对表达方式的评价

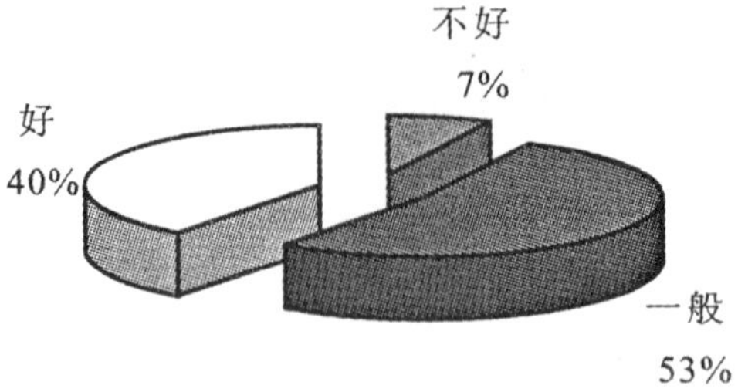


图 12－13　对广告主题的评价

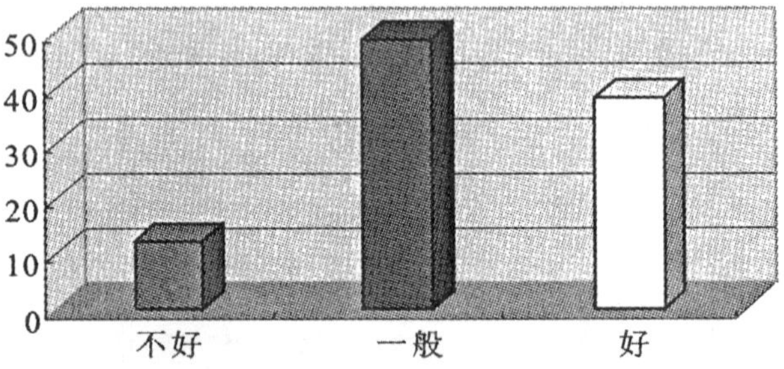


图 12－14　对制作水平的评价

小区受众对广告的总体评价很高，其中对广告创意评价最高，其次是广告主题，再次是表达方式，排在最后的是制作水平。即使认为制作水平不好的比例也仅为 12.5%。

三、××珠宝电梯广告对小区居民购买行为的影响效果

1. ××珠宝电梯广告对小区居民购买欲望的影响

接触过××珠宝电梯广告的小区居民认为××珠宝的优点依次是款式新、质量好等，缺点主要是价格高、品种少等。有 20.1%的人明确表示会购买××珠宝，表示可能会购买的比例为 44.2%，不购买的比例仅为 9.1%(图 12－15)。将表示会和可能会的合并，则××珠宝的潜在消费者达 64.3%，近六成半。

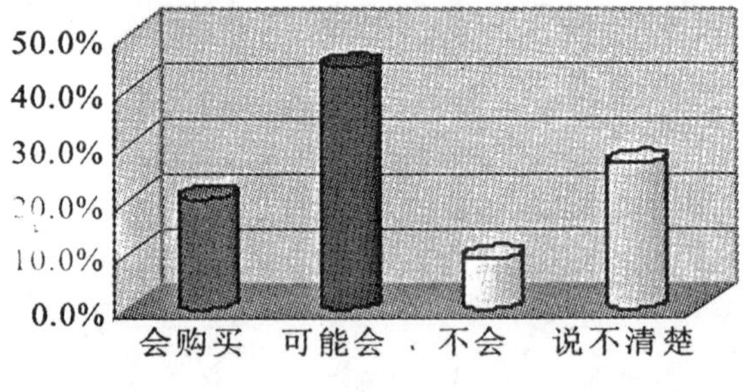


图 12－15　××珠宝的购买欲望

当问及购买××珠宝后是否会向亲友推荐时，21%的潜在消费者表示会推荐，57%表示可能会，其余为说不清楚(图 12－16)。这表明××珠宝消费者具有乘法效应，一个消费者会带来好几个消费者。

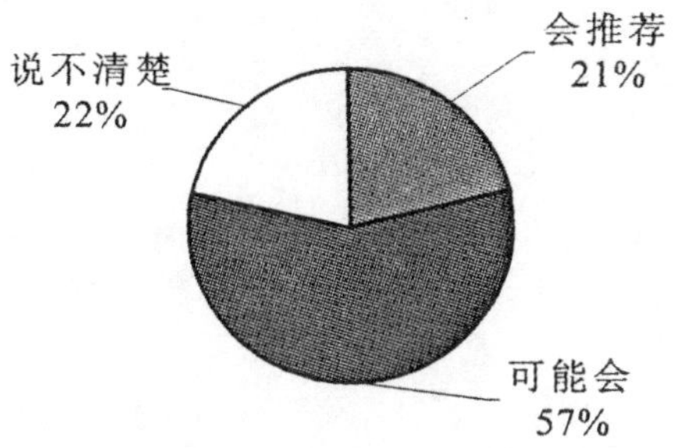


图 12－16　××珠宝的亲友推荐率

此外，当这部分潜在消费者因为某种原因需要再次购买珠宝时，有 20.5%仍会选择××珠宝，45.1%可能会再次选择××珠宝（图 12－17）。通过上述对××珠宝的购买率、亲友推荐率、再次购买率的调查，我们可以看出××珠宝电梯广告对受众的购买欲望产生了很大的影响。

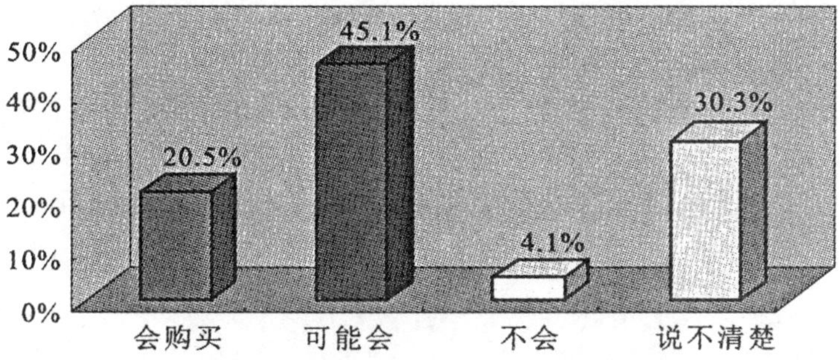


图 12－17　被访者因故再次购买珠宝是否仍会选择××珠宝

2. 广告效果指数

广告效果指数——AEI (Advertising Effectiveness Index)是衡量广告对受众购买行为影响大小的一个重要指标，表示多少人因受到广告的影响而产生购买行为。从看到广告而购买的人当中，减掉因广告以外影响而购买的人数，得到真正因广告而唤起购买的人数，将这个人数以全体受调查的总人数 N 除之所得的值，即为 $AEI$ 值：

$$AEI=1/N[a-(a+c)\times b/(b+d)]$$

其中：$a$ 为看过广告而购买的人数；

$b$ 为未看过广告而购买的人数；

$c$ 为看过广告而未购买的人数；

$d$ 为未看过广告亦未购买的人数。

根据上述计算公式，我们得出××珠宝电梯广告的 AEI(针对小区住户)为 2.62%，说明电梯广告对受众的购买行为具有一定的影响力。××珠宝电梯广告的 AEI 计算过程如下：

$a=13$　　　　$b=7$

$c=73$　　　　$d=60$

$N=a+b+c+d=153$

$AEI=1/N[a-(a+c)\times b/b+d]=2.62\%$

表示有2.62%的小区居民因为受到××珠宝电梯广告的影响而购买该产品。

四、小区居民的群体特征

1. 性别

小区居民的性别比例较均衡(图12-18)。

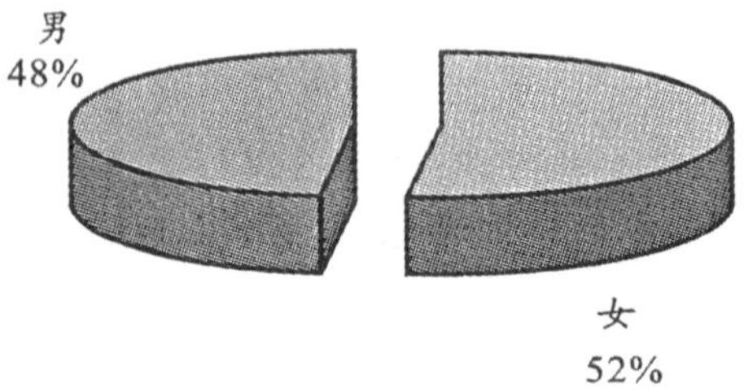


图12-18　小区居民性别比例

2. 年龄

被访小区居民以中、青年为主,年龄主要集中在20～30岁之间,占六成多(图12-19)。

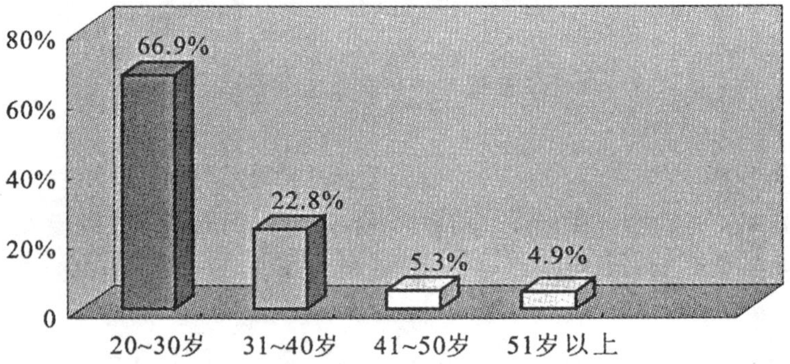


图12-19　小区居民年龄分布

3. 教育程度

被调查的小区居民中,高学历者居多,大专、本科及以上学历逾六成(图12-20)。

4. 职业

职业以普通职员居多,其次是自由职业者,再次是企业高级管理人员,此外还有少量私营业主、离退休人员等(图12-21)。

5. 收入

小区居民收入水平较高,逾五成的家庭月收入超过5 000元。因个人收入属于敏感问

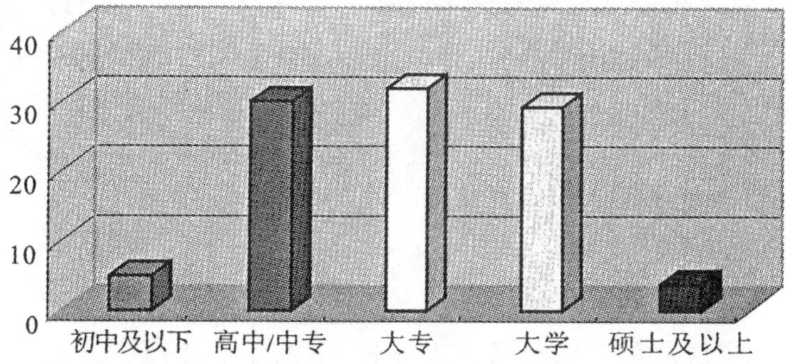


图 12－20　小区居民教育程度

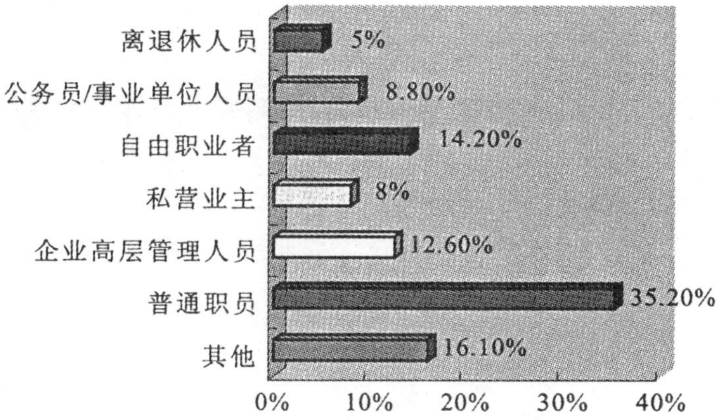


图 12－21　小区居民职业分布

题，被访者的回答可能会与实际情况不符，仅供参考(图 12－22)。

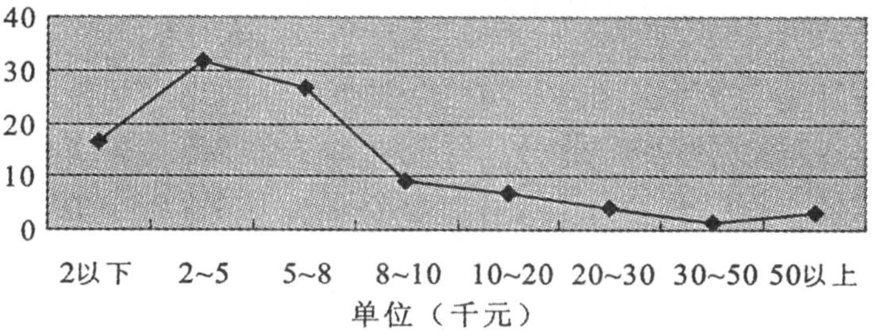


图 12－22　小区居民的家庭月收入

小区居民的人口统计调查表明，小区居民总体上以中、青年为主，性别均衡，以高学历、高收入为主，有较高消费能力。小区居民的群体特征与××珠宝的目标消费群体的特征基本一致，因而××珠宝电梯广告具有针对性，效果明显。

五、结论与建议

本次调查通过对××珠宝电梯广告的接触率、阅读率、记忆度、小区居民的接受程度、购买欲望、广告效果指数等指标的测试来评估××珠宝电梯广告的广告效果。调查结果表明××珠宝电梯广告对小区受众的心理及购买行为具有较大的影响，具体反映在各个测试指标上。

由于广告的效果是一个持续、动态的变化过程，建议以本次调查数据为基础，在投放后期进行广告效果的跟踪测试。



## 12.2 能力训练

能力训练(1)：完成翡翠广告效果调查报告，报告要求及评分标准：

| | |
|---|---|
| 结构完整 | 15% |
| 思路清晰，逻辑严谨 | 25% |
| 数据详实，分析深入 | 45% |
| 文字规范简洁 | 15% |

能力训练(2)：完成翡翠广告效果调查项目总结，要求及评分标准：

| | |
|---|---|
| 项目完成情况 | 30% |
| 项目管理的不足和改进建议 | 40% |
| 项目心得体会 | 30% |

# 项目四　钻石消费者调查

## 项目简介

深圳某珠宝零售企业，主营钻石镶嵌首饰及部分素金首饰，在全国范围内开展连锁经营。2009年下半年，该企业在市场上推出"婚嫁系列"钻石饰品，并举行了一系列的推广活动，但销售结果并不理想。该企业欲进行市场调查，了解消费者的需求。

## 项目目标与要求

- 会根据钻石消费者调查需求撰写钻石消费者调查计划书
- 能够根据计划书设计调查问卷、访谈提纲，制定项目实施方案
- 能够按实施方案完成数据采集，确保数据真实，撰写实施报告
- 会使用频数分析、相关分析等方法进行数据分析，撰写数据报告
- 能够根据项目实施报告、数据报告撰写钻石消费者调查报告

## 项目工作任务

- 制定钻石消费者调查计划书
- 钻石消费者调查实施
- 钻石消费者调查数据分析
- 撰写钻石消费者调查报告

# 工作任务13　制定钻石消费者调查计划书

## 任务目标与要求

- 能够根据项目要求确定钻石消费者调查内容
- 能够准确选择调查方法
- 能够制定钻石消费者调查计划书
- 能够根据计划书设计问卷、访谈提纲

## 任务实施

### 13.1　确定钻石消费者调查内容

#### 13.1.1　案例解析

**【案例13－1】** 深圳彩色宝石消费者市场调查计划书（节选）

彩色宝石消费者市场调查计划书

交待项目背景、主要研究目的等

一、前言

随着生活水平的提高，人们对珠宝首饰的需求也日趋多样化，对种类、款式、质量的要求也越来越高。钻石和铂金已成为近几年流行饰品行业里的“领头羊”，但彩色宝石也开始引领潮流，渐受众多年轻一代的追捧。各商家也陆续尝试打开彩色宝石市场。为了在激烈的竞争中赢得主动，深圳雅诺信珠宝首饰有限公司委托本公司对彩色宝石首饰消费者进行研究，为其开拓彩色宝石市场提供决策依据。

二、调查目的

与客户沟通确定调查目的

1. 了解青年人对彩色宝石的认知度
2. 了解青年人对彩色宝石的购买行为及其使用情况
3. 了解现阶段市场上彩色宝石的流行趋势
4. 了解雅诺信品牌在青年人心目中的认知度及评价

三、调查对象

本次调查对象为彩色宝石首饰的现时消费者和潜在消费者、年龄为15～28岁之间的青年人，男女不限。

样本甄别条件：

1. 非珠宝首饰行业从业人员
2. 非市场调查人员
3. 非新闻媒体工作者
4. 年龄15～28岁

> 样本甄别去除特殊样本

四、调查内容

1. 青年人对彩色宝石的认知度

(1)青年人对彩色宝石种类的了解。

(2)彩色宝石的拥有量。

(3)对彩色宝石的喜好程度。

> 与客户沟通确定调查内容，准确描述调查内容，逻辑清晰，内容详实、具体。便于后续的问卷设计

2. 青年人对彩色宝石的购买行为及其使用情况

(1)购买时间。

(2)购买地点。

(3)购买品种。

(4)购买原因。

(5)购买的决策者。

(6)购买方式(商场购买、网上购买、邮寄购买、电话购物等)。

(7)彩色宝石的拥有量。

(8)理想的售后服务(清洗、保修、以旧换新、刻字等)。

(9)使用场合 。

(10)使用频率。

3. 了解现阶段市场上彩色宝石的流行趋势

4. 了解雅诺信品牌在青年人心目中的认知度及评价

(1)对品牌的认知度。

(2)对品牌的认知途径。

(3)对品牌形象的评价。

(4)影响消费者对品牌形象评价的主要因素。

(5)对品牌形象评价主要因素。

(6)对服务质量的评价。

### 13.1.2 知识链接

珠宝消费者调查是珠宝市场调查中最常见的一种，通过消费者调查能够为珠宝企业捕捉市场机会、拓展目标市场、制定营销策略提供重要的决策依据。珠宝消费者调查的主

要内容如下：

(1)消费者群体特征

主要包括年龄、性别、职业、学历、收入水平等。

(2)使用习惯和态度(简称 U&A 研究)

1)产品及品牌的认知情况研究

- 品牌的认知(无提示第一提及率、无提示提及率、提示认知)。
- 广告的认知(无提示第一提及率、无提示提及率、提示认知)。
- 品牌或广告的认知途径。
- 企业的认知。

2)产品及品牌的购买情况

- 是否有购买经验。
- 购买的产品、品牌名称。
- 购买的产品、品牌的特征。
- 购买或不购买某产品或品牌的原因。
- 购买价格和数量。
- 购买时间和地点。
- 购买决策者和实施者。
- 选择购买地点的原因。
- 是否为指名购买、推荐购买。
- 购买频率。

3)产品或品牌使用情况

- 以前是否有使用经验。
- 使用产品及品牌名称。
- 使用量和使用场所。
- 使用频率或次数。

4)产品或品牌预定购买情况

- 在研究时段内是否有购买计划。
- 预定购买的产品或品牌名称。
- 购买预算。
- 预定购买量。

5)对产品或品牌的态度

- 使用满意度和消费缺憾。
- 服务满意度。

(3)购买决策因素

1)购买决策影响因素,如价格、款式、品牌、售后服务等。

2)各影响因素权重,指影响重要性程度。

(4)价格测试

1)现有价格测试,即对现有价格的满意程度。

2)消费者心理价格测试,包括可接受价格、理想价格、最高价格、最低价格。

(5)媒体接触习惯

1)媒体接触类型

指消费者接触的媒体种类,如报纸、杂志、网络、广播、电视、户外媒体等。

2)媒体接触频率

指消费者接触媒体的频率,例如消费者每天看多长时间的电视、听几次广播、上多长时间的网络等。

3)媒体信任度

指消费者对媒体的信任程度。例如在广东地区,消费者对南方都市报的信任程度较其他报纸媒体高一些。

### 13.1.3 能力训练

能力训练(1):根据项目要求确定钻石消费者调查目的

| 钻石消费者调查目的: |
| --- |
| ____________________ |
| ____________________ |
| ____________________ |
| ____________________ |
| ____________________ |

能力训练(2):根据项目调查目的确定调查内容

| 钻石消费者调查内容: |
| --- |
| ____________________ |
| ____________________ |
| ____________________ |
| ____________________ |
| ____________________ |
| ____________________ |
| ____________________ |
| ____________________ |
| ____________________ |

## 13.2 确定调查方法

### 13.2.1 案例解析

**【案例 13－2】** 深圳彩色宝石消费者市场调查计划书(节选)

**调查方法**

本次调查采用定性和定量研究相结合,文案调查结合拦截访问进行调查。

(1)调查方法:拦截访问、文案调查。

(2)抽样方法:便利抽样。

(3)样本量:400 个。

> 调查方法包括访问方法、抽样方法、样本量、数据分析方法等

(4)数据分析方法:主要采用频数分析、相关分析等方法。

(5)报告提交形式:本次调查提交书面报告和电子报告各一份,并进行一次口头陈述。

### 13.2.2 知识链接

(1)邮寄访问

典型的邮寄调查是向一个消费者邮寄一封函件,包括说明信函、问卷、回寄信封、返回问卷的奖励承诺。另外,把问卷出在报纸与杂志上,也被认为是邮寄调查的形式。

邮寄调查易于操作,对于回答者来说,匿名程度更高。但是,研究人员对于问题的类型没有什么灵活性,对于回答问卷的环境缺乏控制能力,被访者是在没有访问员的帮助下完成问卷的,不适合难度高、复杂的调查课题。邮寄调查要求对被访者的定义相当宽泛,同时还要忍受长时间、低回复率的风险考验。

(2)网上调查

网上调查作为一种较新的方法，具有以下几个主要优势：

1)费用低。网上调查的费用比电话访问更低，与入户访问相比就更节约成本。

2)快捷。网上调查从时间上讲是各种方法中最快的。

3)易于收集数据。网上调查的设计使被访者很容易回答问题。

不足：

1)抽样困难。在传统方法中，例如入户访问或是街头定点访问，要甄别被访者很容易。但在网络上，匿名性比较强。

2)样本的代表性存在疑问。

3)网络本身的局限。只有具备上网条件才可能接受访问。

### 13.2.3 能力训练

能力训练(1)：根据项目调查内容确定调查方法

调查方法：______

调查对象：______

样本量：______

数据分析方法：______

能力训练(2)：根据项目要求确定钻石消费者调查的抽样方法

钻石消费者调查抽样方法：______

______

## 13.3 制定计划书

### 13.3.1 案例解析

**【案例 13－3】** 深圳钻石消费者调查计划书(节选)

彩色宝石消费者市场调查计划书

委托方:深圳雅诺信珠宝首饰有限公司

受托方:深圳梦幻之星调查有限公司

时　间:2006 年 1 月 4 日

计划书扉页包括标题、委托方、受托方和时间等

目　　录

目录便于客户阅读



一、前言

随着生活水平的提高,人们对珠宝首饰的需求也日趋多样化,对种类、款式、质量的要求也越来越高。钻石和铂金已成为近几年流行饰品行业里的“领头羊”,但彩色宝石也开始引领潮流,渐受众多年轻一代的追捧。各商家也陆续尝试打开彩色宝石市场。为了在激烈的竞争中赢得主动,深圳雅诺信珠宝首饰有限公司委托本公司对彩色宝石首饰消费者进行研究,为其开拓彩色宝石市场提供决策依据。

二、调查目的

1. 了解青年人对彩色宝石的认知度

2. 了解青年人对彩色宝石的购买行为及其使用情况

3. 了解现阶段市场上彩色宝石的流行趋势

4. 了解雅诺信品牌在青年人心目中的认知度及评价

三、调查对象

本次调查对象为彩色宝石首饰的现时消费者和潜在消费者,年龄为 15～28 岁之间的青年人,男女不限。

样本甄别条件：

1. 非珠宝首饰行业从业人员

2. 非市场调查人员

3. 非新闻媒体工作者

4. 年龄15～28岁

四、调查方法

本次调查采用定性和定量研究相结合，文案调查结合拦截访问进行调查。

1. 调查方法：拦截访问、文案调查。

2. 抽样方法：便利抽样。

3. 样本量：根据置信度与误差的要求及统计分析的需要，样本量设计为400个。

4. 数据分析方法：主要采用频数分析、相关分析等方法。

5. 报告提交形式：本次调查提交书面报告和电子报告各一份，并进行一次口头陈述。

五、调查内容

1. 青年人对彩色宝石的认知度

(1)青年人对彩色宝石种类的了解。

(2)彩色宝石的拥有量。

(3)对彩色宝石的喜好程度。

2. 青年人对彩色宝石的购买行为及其使用情况

(1)购买时间。

(2)购买地点。

(3)购买品种。

(4)购买原因。

> 与客户沟通确定调查内容，准确描述调查内容，逻辑清晰，内容详实、具体，便于后续的问卷设计

(5)购买的决策者。

(6)购买方式（商场购买、网上购买、邮寄购买、电话购物等）。

(7)彩色宝石的拥有量。

(8)理想的售后服务（清洗、保修、以旧换新、刻字等）。

(9)使用场合 。

(10)使用频率。

3. 了解现阶段市场上彩色宝石的流行趋势

4. 了解雅诺信品牌在青年人心目中的认知度及评价

(1)对品牌的认知度。

(2)对品牌的认知途径。

(3)对品牌形象的评价。

(4)影响消费者对品牌形象评价的主要因素。

(5)对品牌形象评价主要因素。

(6)对服务质量的评价。

六、质量控制

为了确保数据的准确性，我们成立了一个专门的小组对样本质量进行监督，确保数据的正确、客观。

1. 现场督导：负责实地监督整个项目，审核完成问卷是否完整，有无遗漏，可否补救；了解每天访问出现的问题并及时解决；了解控制整个项目的调查进度。

2. 日进度表：我们对每天的工作进度进行小组核查、审改，并随时与客户进行密切地沟通。

3. 问卷复核：问卷经三层复核。抽样复核比例≥30%，有效复核率≥80%，问卷合格率≥90%，复核一致率≥80%。

4. 数据录入方式：采用双录入的形式，避免录入错误。

通过质量控制确保数据客观、真实、准确

七、项目进度

本项目自合同签订之日算起共需9天(含节假日)。项目具体进度如下表所示：

| 项　目 | 第一天 | 第二天 | 第三天 | 第四天 | 第五天 | 第六天 | 第七天 | 第八天 | 第九天 |
|---|---|---|---|---|---|---|---|---|---|
| 客户沟通、项目组成立 | | | | | | | | | |
| 问卷设计 | | | | | | | | | |
| 问卷确定、试访 | | | | | | | | | |
| 访问员培训 | | | | | | | | | |
| 实地调查 | | | | | | | | | |
| 问卷复核 | | | | | | | | | |
| 数据录入、分析 | | | | | | | | | |
| 撰写报告 | | | | | | | | | |

进度安排要具体到每一天，留有一定伸缩空间

八、项目预算

1. 项目研究费用

一般将费用分摊至每个样本，按样本报价

本项目的研究费用共计25 000元(贰万伍仟元)

文案调查　　　　　　　　　　　1 000元

拦截访问　　　每个样本60元，计60*400=24 000元

费用说明：上述报价主要包括方案设计、资料和数据的购买、礼品费、访问员劳务费、数据处理、研究分析及报告撰写的费用。

2. 付款方式

项目确认、双方签定合同之日委托方预付全部费用的50%，研究报告经委托方验收通过后，委托方于一周内(7天)付清余下费用。

九、人员简介

我们将使用有相当研究经验的研究人员组成项目小组。人员介绍略。

介绍主要研究、数据分析人员和督导，重点是工作经验介绍

### 13.3.2　能力训练

能力训练：完成翡翠广告效果调查计划书，计划书要求及评分标准：

| | |
|---|---|
| 结构完整 | 15% |
| 目的明确 | 25% |
| 内容合理、调查方法准确 | 35% |
| 进度、人员安排合理 | 15% |
| 文字规范简洁 | 10% |

## 13.4　设计问卷

问卷的结构包括标题、前言、正文和结束语

### 13.4.1　案例解析

**【案例 13-4】**　彩色宝石消费者市场调查问卷

前言部分向被访者简单介绍问卷内容，征得被访者同意

尊敬的女士/先生：

您好！我是深圳梦幻之星调查有限公司的访问员，想请教您一些有关彩色宝石的问题。耽误您一会儿，可以吗？谢谢！

甄别问题：

1. 请问您或您的家人是否有从事和珠宝、调查或传媒有关的工作？

A. 有(终止访问)　　B. 没有

2. 请问您或您的家人在近期内是否接受过相关访问？

A. 有(终止访问)　　B. 没有

3. 请问您的年龄在以下哪一范围？

A. 15～18岁　　B. 19～22岁　　C. 23～25岁　　D. 26～28岁

E. 29岁以上(终止访问)

甄别问题剔除不符合访问条件的被访者

## 青年人对彩色宝石的认知度

正文部分的标题应与计划书的内容一致，将计划书的内容逐一转换为问题

4. 请问您是否知道彩色宝石？

A. 知道　　B. 知道一点　　C. 不知道（→第20题）

5. 请问您喜欢彩色宝石吗？

A. 喜欢　　B. 一般　　C. 不喜欢(请注明原因)____________

6. 请问您知道彩色宝石的品种有:(可多选)

A. 红宝石　B. 蓝宝石　C. 祖母绿　D. 金绿宝石　E. 碧玺　F. 橄榄石

G. 其他______(请注明)

7. 请根据您所选的彩色宝石进行喜好程度的排列：

____________________________________

8. 请问您了解每种彩色宝石所代表的含义吗?

A. 非常了解　B. 了解一点　C. 不了解

## 青年人彩色宝石的购买行为及其使用情况

9. 请问您现在拥有彩色宝石首饰吗?

A. 有　　B. 没有(→第 12 题)

10. 请问您现在拥有多少件彩色宝石首饰?

A. 1 件　　B. 2～3 件　　C. 4～6 件　　D. 7 件以上

11. 请问您一般在什么场合佩带彩色宝石首饰?

A. 日常生活　B. 晚会　C. 特殊日子　D. 拜访/接待　E. 其他____(请注明)

12. 请问您有购买过彩色宝石首饰吗?

A. 有　　B. 没有　(→第 20 题)

13. 请问您一般在什么时候购买彩色宝石首饰?

A. 促销打折期间　B. 节假日　C. 特殊日子　D. 无特定日子

E. 其他______(请注明)

14. 请问您购买彩色宝石首饰的地点?(可多选)

A. 珠宝店　B. 商场柜台　C. 旅游纪念地　D. 展销会　E. 其他(请注明)______

15. 请问您购买珠宝首饰的原因是:(可多选)

A. 装饰自己　B. 送人　C. 收藏　D. 其他(请注明)______

16. 请问您经常通过什么方式购买珠宝首饰?

A. 直接在珠宝店购买　B. 电话购买　C. 网上购买　E. 邮寄购买

F. 其他(请注明)______

17. 请问您购买珠宝首饰时，一般是由谁付款?

A. 自己　B. 父母亲　C. 亲戚　D. 朋友　E. 同事　F. 配偶

G. 其他(请注明)______
18. 当您购买首饰后,商家一般都会为您提供售后服务,请按您认为的重要程度排序:
A. 清洗　　B. 保修　　C. 以旧换新　　D. 刻字　　E. 其他(请注明)______

______________________________

19. 请问您最喜欢的首饰品种是什么?(可多选)
A. 手镯　　B. 项链　　C. 耳饰　　D. 胸针　　E. 吊坠　　F. 戒指
G. 其他(请注明)______

## 雅诺信品牌在青年人心目中的认知度及评价

20. 请问您知道雅诺信这个珠宝品牌吗?
A. 知道　　B. 知道一点　　C. 不知道(→第 26 题)
21. 请问您是通过什么途径知道雅诺信这个珠宝品牌的?
A. 报刊　　B. 杂志　　C. 网络　　D. 电视广告　　E. 朋友介绍
F. 其他(请注明)______
22. 请问您经常看哪种报纸?
A. 晶报　　B. 深圳特区报　　C. 深圳商报　　D. 深圳晚报　　E. 南方日报
F. 其他(请注明)______
23. 请问您经常看哪一类杂志?
A. 珠宝杂志　　B. 时尚杂志　　C. 服装杂志　　D. 金融杂志　　E. 娱乐杂志
F. 其他(请注明)______
24. 请问雅诺信给您的感觉是?
A. 时尚潮流　　B. 优雅高贵　　C. 亲切　　D. 落伍　　E. 其他(请注明)______
25. 为了更好地服务广大消费者,麻烦您给雅诺信的服务打一下分:
5 分为非常满意;　4 分为满意;　3 分为一般;　2 分为不满意;　1 分为非常不满意

| 选项 | 分值 |
|---|---|
| 营业员的专业知识 | |
| 营业员的服务态度 | |
| 首饰的质量 | |
| 首饰的种类 | |
| 售后服务 | |

26. 当您购买珠宝首饰时,哪一个品牌会是您的首选?
A. 周大福　　B. 仙路　　C. 安盛华　　D. 谢瑞麟　　E. 雅诺信
F. 其他(请注明)______

27. 请问您选择此品牌的原因是？（可多选）

A. 很出名　B. 服务好　C. 价格适中　D. 品种多　E. 质量好

F. 其他(请注明)______

**您的个人基本信息**

> 此部分涉及被访者个人信息，应放在最后，不宜采用开放题形式



28. 请问您的性别：

A. 男　B. 女

29. 请问您的教育程度：

A. 高中以下　B. 中专/技校　C. 大专　D. 本科　E. 硕士以上

30. 请问您的职业：

A. 公务员/事业单位　B. 公司职员　C. 自由职业者　D. 私营企业者/个体户

E. 退休人员　F. 学生(→32 题)　G. 其他______

31. 请问您的个人月收入是多少？(RMB)

A. 1 000 元以下　B. 1 000～3 000 元　C. 3 001～5 000 元　D. 5 001～7 000 元

E. 7 001～9 000 元　F. 9 001～10 000 元　G. 10 000 元以上

> 选项不可重叠

非常感谢您对我们工作的支持！

被访者姓名：　　　　电　话：

访问时间：　　　　从____时____分到____时____分

访问员姓名：　　　　督导姓名：

> 结束语部分主要记录相关访问信息，便于问卷审核和复核工作

### 13.4.2 知识链接

(1)答案设计原则

1)穷尽性

答案应包括所有可能的情况。

例如，请问您的教育程度是：

①初中　②高中/中专　③大专　④大学　⑤硕士及以上

分析：答案没有包括初中以下的教育程度。

2)互斥性

指答案间不能互相重叠或相互包含。

例：您最喜欢哪种首饰设计风格？

A. 高贵典雅　B. 自然简约　C. 欧美夸张　D. 复古风格

分析：答案互相重复。

(2)答案设计注意事项

1)非多选题的答案不宜过多

被访者记忆答案的数量是有限的,一般不超过 9 个。如果答案过多,回答问题时就会出现遗漏或不耐烦的现象。

2)尽量避免出现过于专业的词汇

过于专业的词汇如“火彩”、“水头”等,会影响被访者准确理解,如果必须要用也要给予通俗易懂的解释。

3)答案中尽量不用贬义词

如果答案用贬义词,会严重影响调查结果。通常的做法是在褒义词前面加上否定,如不用“厌恶”而用“不喜欢”。

### 13.4.3 能力训练

根据计划书确定问题点,并将问题点转换为实际的问题,设计完整的调查问卷。问卷要求及评分标准:

| | |
|---|---|
| 结构完整,逻辑清晰 | 15% |
| 问卷内容与计划书一致 | 25% |
| 问题选项设置合理 | 35% |
| 进行试访 | 25% |

## 工作任务14 钻石消费者调查实施

### 任务目标与要求

- 能够根据项目计划书制定钻石消费者调查实施方案
- 能够完成访问员培训
- 能够准确完成数据采集

### 任务实施

## 14.1　制定钻石消费者调查实施方案

### 14.1.1　案例解析

**【案例 14－1】** 彩色宝石消费者市场调查实施方案

彩色宝石消费者市场调查实施方案

简单介绍项目委托方，研究目的，便于实地实施人员操作

一、项目简介

本项目主要调查目的是为了了解现阶段的青年人对深圳雅诺信品牌的认知度和了解青年人对彩色宝石的认知度、购买行为及其使用情况。

二、调查方法

访问方法：拦截访问

抽样方法：便利抽样

样本量：400 个

三、调查对象

年龄为 15～28 岁之间的青年人，男女不限。

样本甄别条件：

1. 非珠宝首饰行业从业人员
2. 非市场调查人员
3. 非新闻媒体工作者
4. 年龄为 15～28 岁

调查方法应严格按照计划书执行

四、访问员要求

1. 心理条件

敬业，耐心，性格开朗。

2. 外在条件

18～25 岁的女性，口齿清晰，普通话标准。

五、调查地点

罗湖东门、华强北繁华地段。

六、质量控制

为了确保数据的准确性，我们成立了一个专门的小组对样本质量进行监督，确保数据的正确、客观。

(1)现场督导：负责实地监督整个项目，审核完成问卷是否完整，有无遗漏，可否补救；了解每天访问中出现的问题并及时解决；了解并控制整个项目的调查进度。

(2)日进度表：我们对每天的工作进度进行小组核查、审改，并随时与客户进行密切地

沟通。

(3)问卷复核:问卷经三层复核。抽样复核比例≥30%,有效复核率≥80%,问卷合格率≥90%,复核一致率≥80%。

(4)数据录入方式:采用双录入的形式,避免录入错误。

七、工作内容及时间安排

| | | |
|---|---|---|
| 12月30日 | 访问员培训 | 负责人:黄媛、邓小翠 |
| 12月31日~1月1日 | 实地调查 | 负责人:肖道鸿、刘燕 |
| 1月2日 | 问卷复核 | 负责人:钟淑琼 |

时间安排要具体到每一天，有具体的负责人

### 14.1.2 能力训练

能力训练:制定钻石消费者调查实施方案并完成项目培训,方案要求及评分标准:

| | |
|---|---|
| 结构完整,逻辑清晰 | 15% |
| 实施方法与计划书一致 | 25% |
| 质量控制措施有效 | 30% |
| 人员、进度安排合理 | 30% |

## 14.2 数据采集

### 14.2.1 知识链接

(1)调研对象的确定——邮寄访问法

这在邮寄调查中是相当重要的环节,可以采取一些变通的对策,如根据企业名录、通信录、客户往来记录等确定调查对象,或采用有奖征询的方式来提高回收率,缩短回收时间等。

邮寄调查可以与促销活动相结合,使广告宣传更有效果。例如,企业可以在报纸广告中附上调研表格,并说明填表的要求与方法,按要求答卷的读者均有中奖机会。这既保证了调研的顺利进行,又起到了广告宣传的作用,达到促销的目的。还可以把调研表放在产品的包装箱内,随产品出售,一同到达消费者手中,由消费者填写后寄回,这种方法则更简便易行。

(2)调研表设计要注意的问题

1)调研表的内容要简练。

2)问句意思要表达清楚,不能模棱两可。

3)必须向被调研人员交代清楚答卷的要求、回收的时间。

4)必须向被调研人员说明调研的目的及结果的重要性,并在最后向被调研人员致谢。

(3)提高邮寄访问问卷回收率的方法

1)不要将问卷发出去就撒手不管,要试着做一些事后性的工作。例如发封跟踪信,打个跟踪电话,寄张明信片提醒,这样一般可将问卷回收率提高大约20个百分点。

2)附加一些实惠的内容,如给予一定的中奖机会,赠送一些购物优惠券,有时候也许比打100个跟踪电话有效得多。

3)预先通知一下,这也许不会花费太多的时间和精力,却能在一定程度上满足被调查者的情感需求,激发其合作热情,提高问卷的作答质量和问卷的回收率。

4)请权威机构主办。如果市场调查由受人信任的权威机构主办,则将大大提高问卷的回收率。在国内,由政府机构主办和支持的市场调查收集资料的容易程度大大高于其他机构。

5)附上回邮信封和邮票等小小的细节行为也是提高回收率的有效办法。

### 14.2.2 能力训练

能力训练:根据项目实施方案,按时完成数据采集。

## 14.3 撰写项目实施报告

### 14.3.1 案例解析

**【案例14-2】** 深圳彩色宝石市场调查项目实施报告

介绍项目实施情况,事关数据的真实性,非常重要

**项目实施报告**

一、调查目的

本项目主要调查目的是为了了解现阶段的青年人对深圳雅诺信品牌的认知度和了解青年人对彩色宝石的认知度、购买行为及其使用情况。

二、调查方法

(1)访问方法:拦截访问。

(2)抽样方法:便利抽样。

(3)样本量:400个。

(4)调查时间:2005年12月27日~2006年1月4日。

(5)调查对象:年龄为15~28岁之间的青年人,男女不限。

三、项目执行过程

| | |
|---|---|
| 执行方式 | 拦截访问 |
| 执行地区 | 罗湖东门、华强北繁华地段 |
| 项目督导 | 肖道鸿、刘燕 |
| 项目培训 | 黄媛、邓小翠 |
| 人员安排 | 访问员:8名　现场督导:2名　复核:钟淑琼、林绍容 |

续上表

| | |
|---|---|
| 执行进度 | ①12 月 27 日 与客户沟通成立项目组<br>②12 月 28 日 设计问卷<br>③12 月 29 日 问卷确定、试访<br>④12 月 30 日 访问员进行系统培训<br>⑤12 月 31 日～1 月 1 日 实地调查<br>⑥1 月 2 日 问卷复核<br>⑦1 月 3 日 数据录入、分析<br>⑧1 月 4 日 撰写报告<br>⑨1 月 5 日 提交报告 |
| 项目完成情况 | 共拦截访问 410 个样本，拒访 7 名，不符合甄别条件 3 个。 |

四、质量控制

为了确保数据的准确性，我们成立了一个专门的小组对样本质量进行监督，确保数据的正确、客观。

(1)现场督导：负责实地监督整个项目，审核完成问卷是否完整，有无遗漏，可否补救；了解每天访问出现的问题并及时解决；了解、控制整个项目的调查进度。

(2)日进度表：我们对每天的工作进度进行小组核查、审改，并随时与客户进行密切地沟通。

(3)问卷复核：问卷经三层复核。抽样复核比例为 35.5%；有效复核率为 96.8%；问卷合格率为 93.7%；复核一致率为 84.3%。

(4)数据录入方式：采用双录入的形式，避免录入错误。

### 14.3.2 能力训练

能力训练：撰写项目实施报告，报告要求及评分标准：

质量控制有效 45%

进度、人员安排合理 25%

按计划书要求完成 20%

结构完整，格式正确 10%

# 工作任务15　钻石消费者调查数据分析

## 任务目标与要求

- 能够准确完成数据录入及分析
- 能够根据数据分析结果撰写数据报告

## 任务实施

### 15.1　案例解析

**【案例 15-1】**　深圳彩色宝石消费者调查数据分析报告

拥有彩色宝石首饰情况

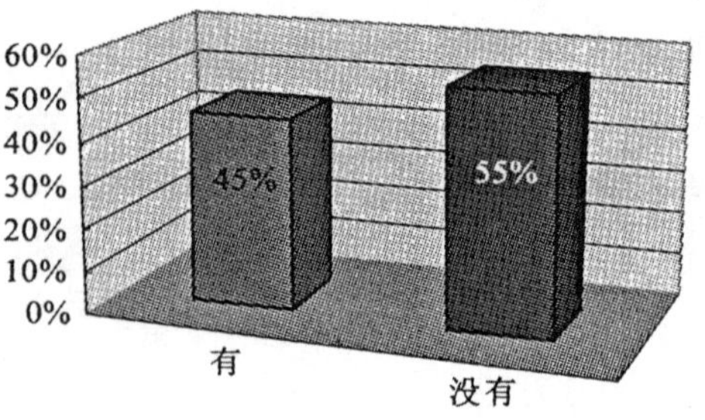


采用三维柱状图，立体直观。客观描述数据，分析数据反映的信息

购买原因

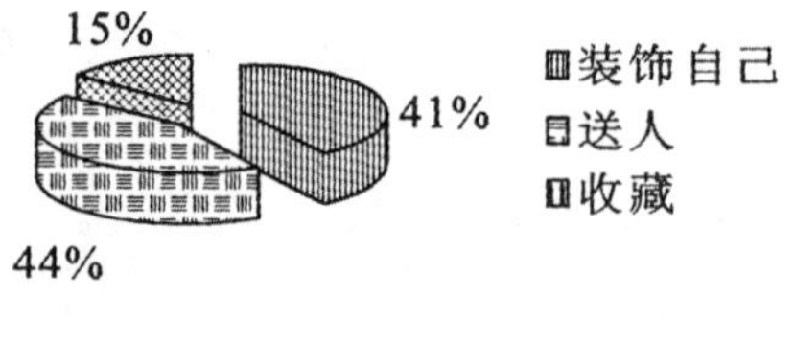


选项不多时采用三维饼图，对比鲜明。

消费者购买首饰以送人和装饰自己为主

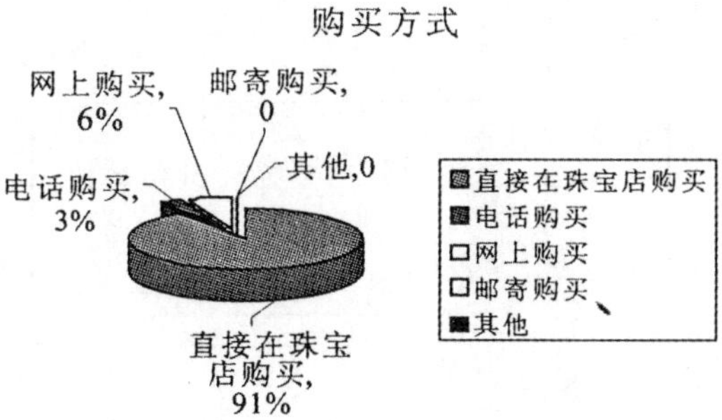


数据描述可多样化，进行归纳总结

在调查的人中有九成消费者都选择直接在珠宝店购买，大部分消费者认为珠宝店诚信度较高，而且会提供较好的售后服务。

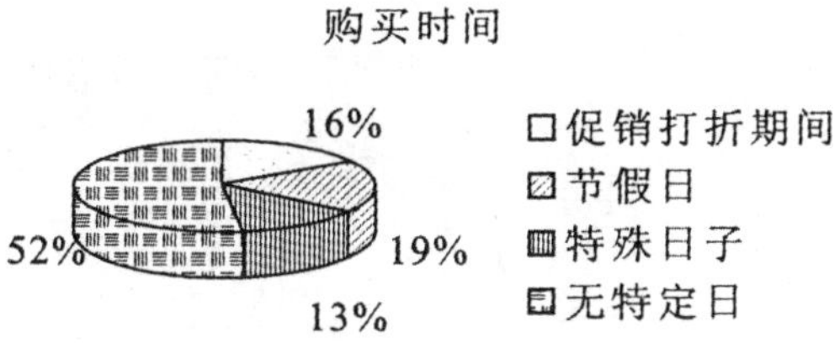


数据分析回答“为什么”

从调查中发现有5成左右的消费者选择在促销打折期间购买珠宝首饰，商家应在此时加大宣传，做些新颖的、有吸引力的促销活动。

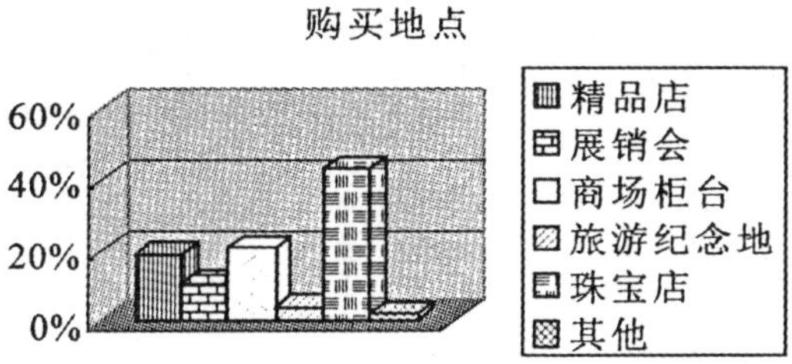


数据描述一般描述主要的、重要的数据即可

调查中发现大部分人都会选择去珠宝店购买，觉得珠宝店比较可信。

对雅诺信的认知

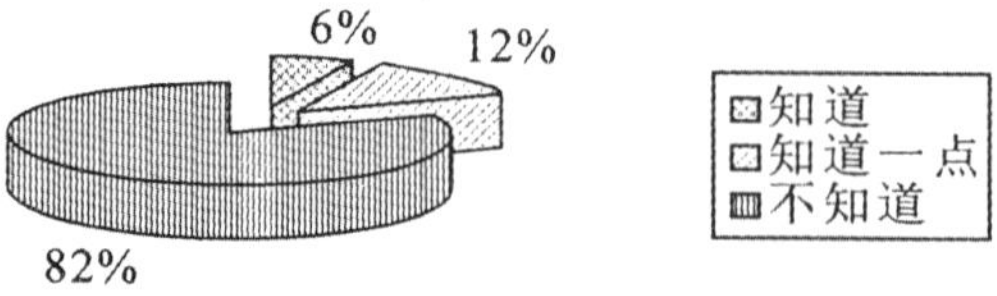


重要的数据要描述具体数值

在被调查者中，不知道该品牌的就占了82%，应加大力度宣传此品牌，树立品牌形象，提高品牌的知名度。

雅诺信品牌的认知途径

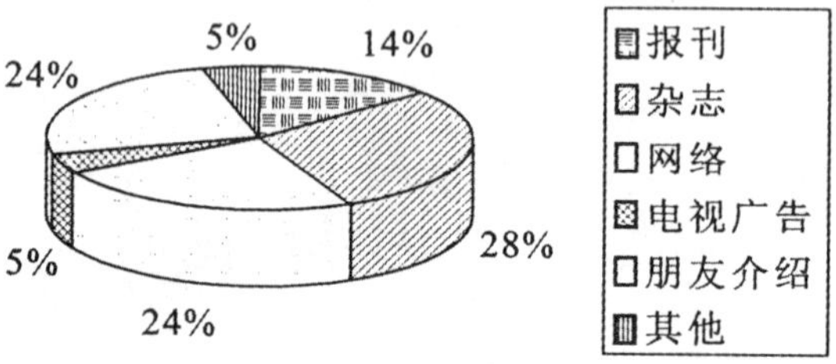


选项较多时不宜采用饼图

从以上可知，通过杂志和网络知道雅诺信品牌的比例占最高，而在调查中显示青年人最偏好看时尚杂志。由此可见，对于现代的青年人，网络和时尚杂志是很有效的传播途径

雅诺信给消费者的感觉

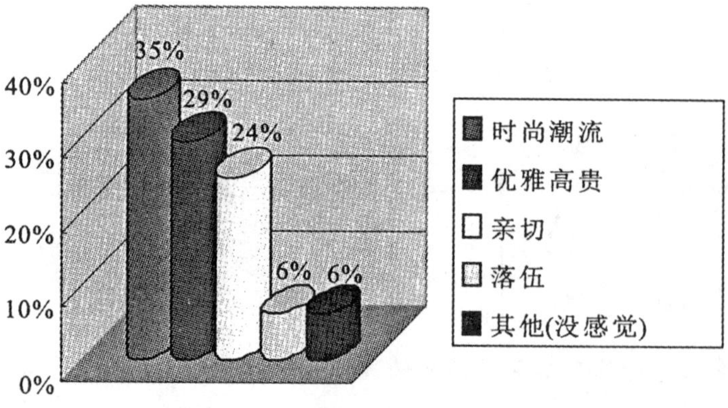


数据要进行描述和分析

对雅诺信服务评价

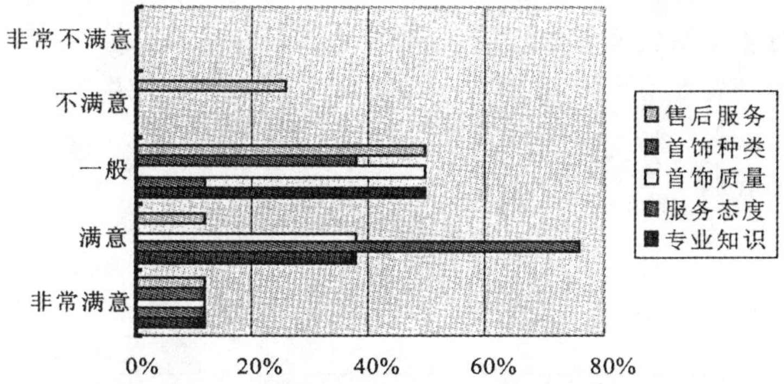


图表不够直观，宜采用三维图形。

特别要注意的是售后服务方面，26%的人对此表示不满意，应收集消费者的意见和建议，总结进而改善。

品牌首选

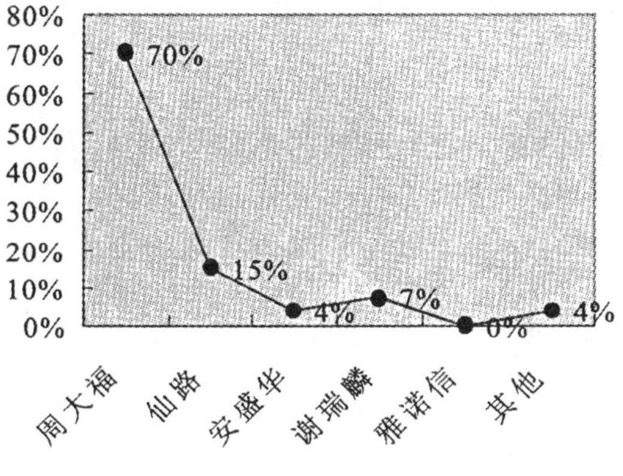


选项较多时选用折线图，对比直观

选择因素

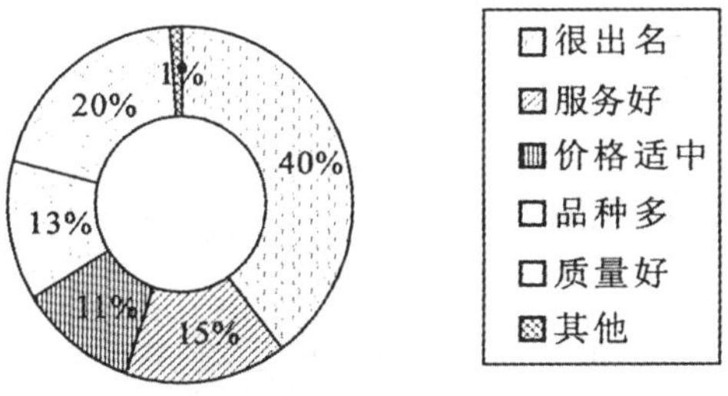


图表不够直观，宜采用三维图形

购买首饰时，70%的人会选择周大福，其知名度为主要原因，其次为质量、服务好。

综合上述，要开拓青年人彩色宝石市场，提高品牌的知名度是必不可少的。

## 15.2 能力训练

能力训练(1):完成数据录入及分析

能力训练(2):根据数据分析结果完成数据报告,报告要求及评分标准:

| | |
|---|---|
| 结构完整 | 15% |
| 思路清晰,逻辑严谨 | 25% |
| 数据详实,分析深入 | 45% |
| 文字规范简洁 | 15% |

# 工作任务16 撰写钻石消费者调查报告

## 任务目标与要求

- 能够根据项目实施报告、数据报告撰写钻石消费者调查报告
- 能够完成项目口头报告
- 能够完成项目总结

## 任务实施

## 16.1 案例解析

**【案例16-1】** 深圳彩色宝石消费者调查报告(节选)

### 彩色宝石消费者市场调查报告

项目实施报告 —— 介绍项目实施情况,事关数据的真实性,非常重要

一、调查目的

本项目主要调查目的是为了了解现阶段的青年人对深圳雅诺信品牌的认知度和了解青年人对彩色宝石的认知度、购买行为及其使用情况。

二、调查方法

(1)访问方法:拦截访问。

(2)抽样方法:便利抽样。

(3)样本量:400个。

(4)调查时间:2005年12月27日～2006年1月4日。

(5)调查对象:年龄为15～28岁之间的青年人,男女不限。

三、项目执行过程

| | |
|---|---|
| 执行方式 | 拦截访问 |
| 执行地区 | 罗湖东门、华强北繁华地段 |
| 项目督导 | 肖道鸿、刘燕 |
| 项目培训 | 黄媛、邓小翠 |
| 人员安排 | 访问员:8名 现场督导:2名 复核:钟淑琼、林绍容 |
| 执行进度 | ①12月27日 与客户沟通成立项目组<br>②12月28日 设计问卷<br>③12月29日 问卷确定、试访<br>④12月30日 访问员进行系统培训<br>⑤12月31日～1月1日 实地调查<br>⑥1月2日 问卷复核<br>⑦1月3日 数据录入、分析<br>⑧1月4日 撰写报告<br>⑨1月5日 提交报告 |
| 项目完成情况 | 共拦截访问410个样本,拒访7个,不符合甄别条件3个。 |

四、质量控制

为了确保数据的准确性,我们成立了一个专门的小组对样本质量进行监督,确保数据的正确、客观。

(1)现场督导:负责实地监督整个项目,审核完成问卷是否完整,有无遗漏,可否补救;了解每天访问出现的问题并及时解决;了解、控制整个项目的调查进度。

(2)日进度表:我们对每天的工作进度进行小组核查、审改,并随时与客户进行密切地沟通。

(3)问卷复核:问卷经三层复核。抽样复核比例为35.5%;有效复核率为96.8%;问卷合格率为93.7%;复核一致率为84.3%。

(4)数据录入方式:采用双录入的形式,避免录入错误。

五、结论与建议

(1)被调查的青年中,对彩色宝石知道一点的且喜欢彩色宝石的人数居多。喜欢彩色宝石的品种以蓝宝石居多，祖母绿次之。不了解彩色宝石所代表的含义的占61%。根据以上分析可知，彩色宝石的市场发展潜力空间大，建议贵公司可继续推广彩色宝石，并以蓝宝石为主。由于多数青年对彩色宝石的含义并不了解，贵公司可加大宣传力度，针对彩色宝石的文化做宣传、推广。

(2)在将近一半拥有彩色宝石的消费者中，有八成消费者会选择在日常生活中佩带首饰，有一成选择在特殊日子佩带，购买没有特定时间。因此贵公司可在平常的日子推出一些优惠活动吸引顾客。

(3)消费者购买珠宝以在珠宝店购买为主，精品店和商场柜台次之，消费者一般不会选择电话和网上购买，因此商家可加强在商场和柜台的宣传。

(4)首饰品种中项链最受消费者的欢迎，其次是戒指和吊坠。因此，可根据消费者的需求，设计一些新颖的首饰来吸引消费者。对于商家所提供的售后服务，清洗和保修是最受欢迎的，此类售后服务可体现公司体制的完整性，因此商家应在这方面提供全方位的服务。

(5)在对雅诺信品牌的认知和评价方面，不知道该品牌的占了82%。通过杂志和网络知道雅诺信品牌的比例最高，其中常看时尚杂志的青年人也占最高。应加大力度宣传品牌，树立品牌形象，提高品牌的知名度，对于现代的青年人，网络和时尚杂志是很有效的传播途径。

(6)消费者中对雅诺信营业员的专业知识、服务态度、首饰质量、首饰种类和售后服务表示一般的占绝大部分，其中有26%的消费者对此品牌的售后服务表示不满意。贵公司应在这几个方面做好总结、改善，努力做到最好。还应特别注意售后服务方面，收集消费者的意见和建议，进而改善。

(7)在对品牌的首选中，70%的消费者偏好周大福。偏好的原因第一是知名度，其次为质量好，服务好。由此可见，一个品牌的知名度是最为重要的。要开拓青年人的彩色宝石市场，提高品牌知名度则是必不可少的。

**【案例16-2】** 深圳珠宝消费者调查报告（节选）

中国加入WTO后，经济有了新的发展，人们生活和收入水平都有了新的提高，珠宝首饰消费者的需求也日益增大，特别是在深圳这块经济发达的地区，了解消费者的需求，对企业显得尤为重要。深圳技师学院珠宝钟表系的学生受中港国际珠宝交易中心的委托，特别进行了本次珠宝首饰消费者需求调查，为中港国际珠宝交易中心制定营销策略提供决策依据。

## 项目实施报告

介绍项目实施情况，重点是项目实施过程及质量控制

一、研究目的

1. 了解珠宝首饰消费者的购买行为
2. 了解珠宝首饰消费者喜欢的促销方式
3. 了解消费者对珠宝首饰终端的各项满意度

4. 了解消费者对中港品牌的认知度及评价

二、调查区域及对象

调查区域：福田区华强北（茂业百货、曼哈商城、免税珠宝世界、铜罗湾广场）；罗湖区东门（太阳广场、茂业百货）。

对象：年龄在22～55岁之间，非新闻媒体工作者、市场调查人员、珠宝专业人士，男女不限。

三、调查方法

1. 访问方法：拦截访问。

2. 抽样方法：便利抽样。

四、样本量

根据置信度与误差的要求及统计分析的需要，样本量设计为300个。

五、项目执行过程

| | | | | |
|---|---|---|---|---|
| 执行方式 | 拦截访问 | | | |
| 执行地区 | 华强北：茂业百货、曼哈商城、免税珠宝世界、铜锣湾广场<br>东门：太阳广场、茂业百货 | | | |
| 项目督导 | 杨宇明 | | | |
| 项目培训 | 刘俊杰 | | | |
| 人员安排 | 访问员 | 36名 | 现场督导 | 12名 |
| | 审卷员 | 陈海司 | 复核员 | 黄剑峰 |
| 执行进度 | 12月23日～12月25日　访问员培训<br>12月27日～12月28日　拦截访问<br>12月29日～12月31日　问卷复核 | | | |
| 项目完成情况 | 共拦截访问336个样本，其中拒访14个，不符合甄别条件16个，剔除6份无效问卷，共回收有效问卷300份 | | | |

六、质量控制

描述质量控制措施及实施过程中出现的问题及解决方法

(1)所有项目的参加人员都要经过培训。

(2)每个现场安排2名督导负责审卷，现场抽样甄别、发放礼品，及时发现问题，及时解决问题。

(3)访问员不穿指定服装、不佩带校牌者不允许进行访问。

(4)访问员在现场先试访，督导审核通过后，再进行正式访问。

(5)严格控制，各地点的访问员不得越出自己的范围和规定的时间，否则视为无效问卷。

(6)问卷完成后需经过三个部门审核、复核，而三个部门分属不同的主管，保证每个问卷三重过滤。具体量化指标为：抽样复核比例≥30%，有效复核率≥80%，问卷合格率≥90%，复核一致率≥80%。本次调查的抽样复核比例为45%，有效复核率为90%，问卷合格率为97%，复核一致率为89%，符合要求。

注：抽样复核比例＝复核的问卷数/问卷总数

复核有效率＝可以复核到的问卷/留有电话的问卷总数

问卷合格率＝复核成功不存在问题的问卷/复核的问卷总数

复核一致率＝(单份问卷)复核问题相符总数/复核的问题总数



## 数据分析

一、珠宝首饰消费者的购买行为

1. 珠宝首饰购买情况

随着人民生活水平的不断提高，珠宝首饰已不再是奢侈品，越来越多的人拥有珠宝首饰。调查显示，购买过珠宝首饰的人占七成多，没有购买过珠宝首饰的人仅占二成多(图16－1)。

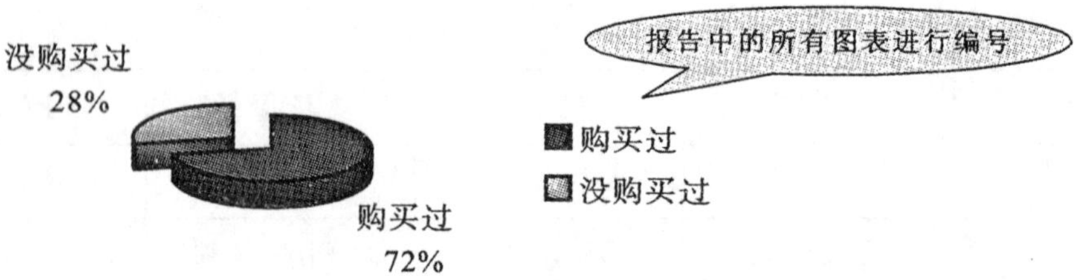


图16－1　是否购买过珠宝首饰的比例

且有53%的人在未来的半年内有购买珠宝首饰的打算，没有购买珠宝首饰打算的人仅占20%(图16－2)，由此可看出，珠宝首饰在市场消费需求中具有明显的替代性，现已成为高档商品深入到大部分消费者心中。

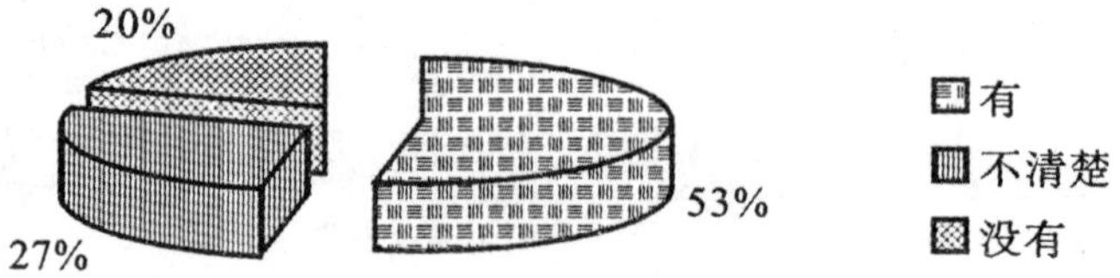


图16－2　消费者未来半年内是否打算购买珠宝首饰

2. 消费者喜欢珠宝首饰类型

佩戴珠宝首饰属于个人的喜好，据调查，消费者一般都喜欢佩戴项链(29%)、戒指(24%)和手链/手镯(17%)(图16－3)，而其他的饰品比例不高。

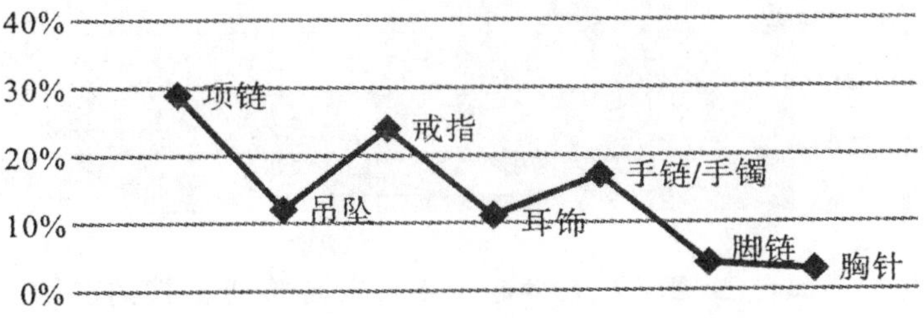


图 16－3　各种珠宝首饰的受欢迎程度

那么消费者喜欢哪一种首饰呢？钻石（31%）无疑是人们心目中的最爱，其次是素金（18%）、水晶（18%）和翡翠（12%），最后才是珍珠（7%）、蓝宝石（7%）和红宝石（6%）（图 16－4），所以说钻石在人们心目中的地位还是不可替代的。

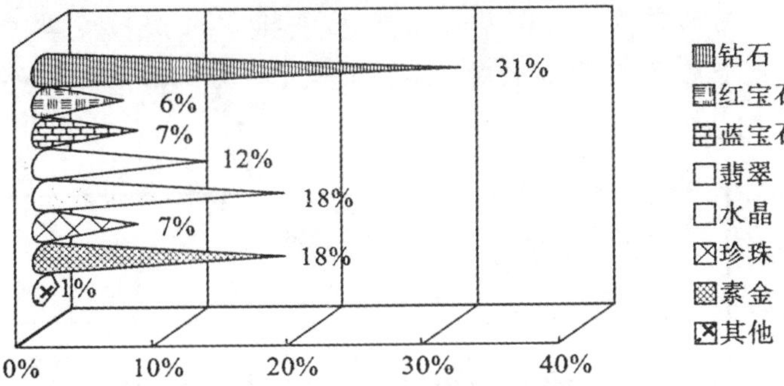


图 16－4　喜欢各种首饰的比率

3. 珠宝首饰消费者购买行为

大部分消费者都是喜欢在节假日（21%）和生日（20%）时购买珠宝首饰，其次是结婚、纪念日和促销打折的时候，分别都占 16%（图 16－5）。消费者一般还是由自己来购买珠宝首饰，占总人数的一半以上（图 16－6）。

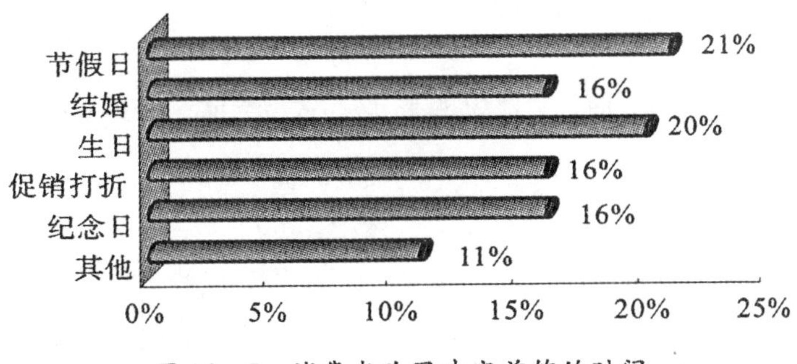


图 16－5　消费者购买珠宝首饰的时间

随着高新技术的日益发展，消费者可以通过许多途径来购买珠宝首饰，如网络、邮寄、电话等。但是消费者还是选择到珠宝专卖店（48%）、百货商场（27%）和大型珠宝专业市

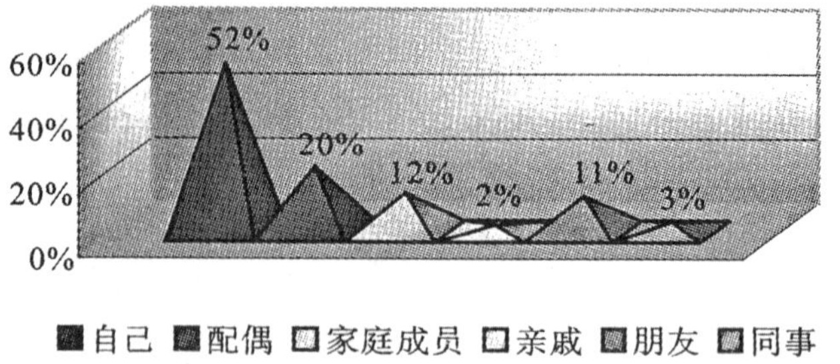


图 16-6　珠宝首饰的购买实施者



场(20%)购买珠宝首饰。这说明消费者购买珠宝首饰的方式还是很直接、保守的。可见，需加大各卖场的宣传力度。去大型珠宝专业市场购买珠宝首饰的人数与去珠宝专卖店和百货商场的人数相比较少，可能是因为人们对大型珠宝专业市场还不太了解。但随着社会的发展、人们消费观念的转变，消费者会越来越青睐于大型的专业市场，因为与其他卖场相比，大型珠宝专业市场具有货真价实、品种齐全、环境幽雅、服务周到等无法相比的优点(图 16-7、图 16-8)。

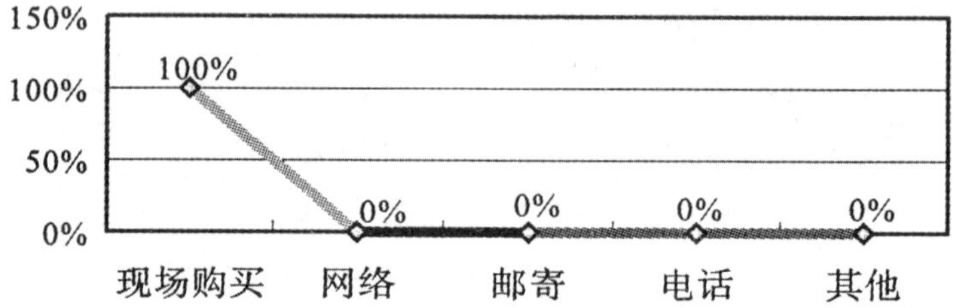


图 16-7　消费者购买珠宝首饰的方式

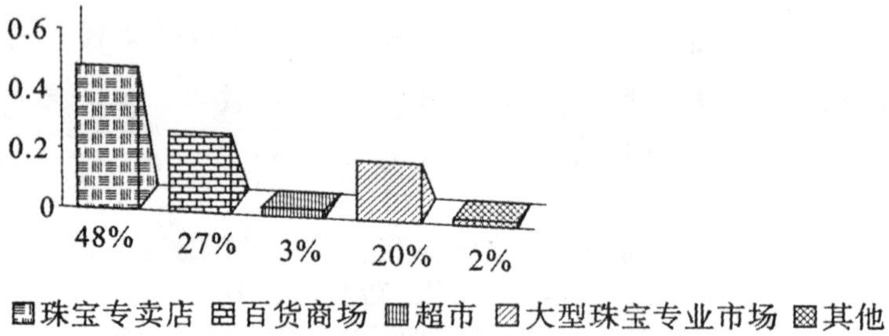


图 16-8　珠宝首饰的购买场所

47%的消费者购买珠宝首饰是为了装饰，而为了纪念的占 26%，用于馈赠的也不少，占 18%。由此可见，将近五成的人都是喜欢用珠宝首饰来装扮自己。

消费者喜欢用珠宝首饰来装饰自己，在平时佩带珠宝首饰的最多，占了 3 成左右，聚会(11%)、派对(10%)、宴会(9%)时佩戴首饰的人也不少。

长期以来珠宝首饰给人的印象都是价格不菲，那么消费者可接受的价格是多少呢？调查显示，接近五成的人都觉得价格应在 1 001～3 000 元左右，这样才比较接近他们的心

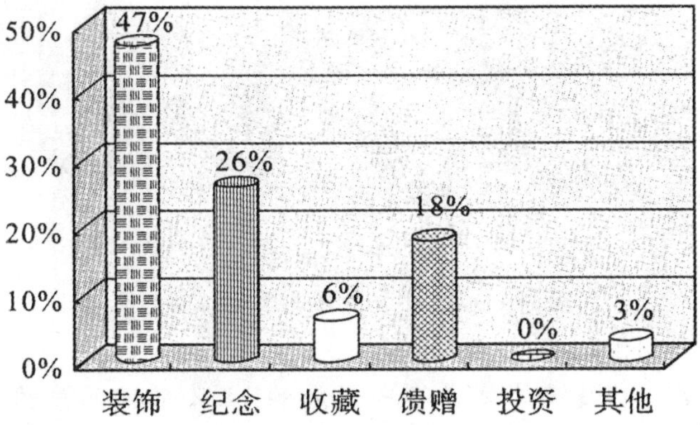


图 16－9　消费者购买珠宝首饰的原因

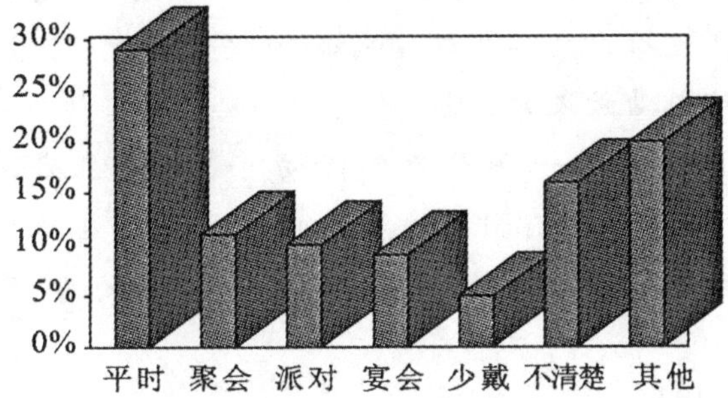


图 16－10　珠宝首饰佩带场合

理承受力。而接受 1 000 元以内的人数比例也不少，占了 31%，3 001～5 000 元的人仅占 18%，5 001 元以上的人数更少(5%)。由此可见，大多数消费者接受的珠宝首饰价格处在一个中价位，价位越高的首饰购买人数越少。

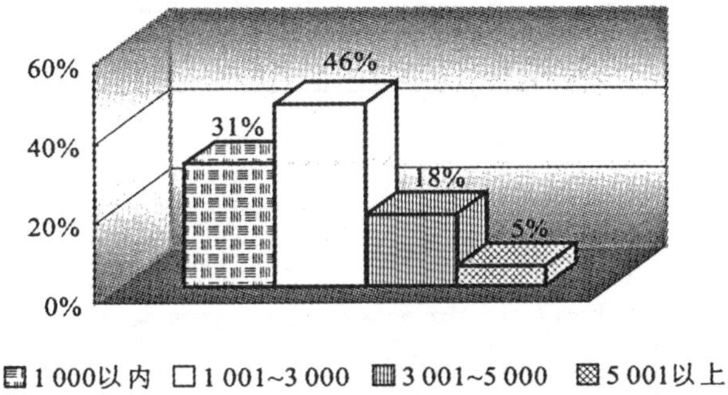


图 16－11　消费者能够接受珠宝首饰的价位

4. 消费者拥有珠宝首饰的数量

拥有一件以下(33%)或拥有四件以上(包括四件)(27%)珠宝首饰的人最多。这说明我们的珠宝首饰还有一个很大的市场空间，只拥有一件以下珠宝首饰的人很可能会在各方面的刺激下产生购买欲望。

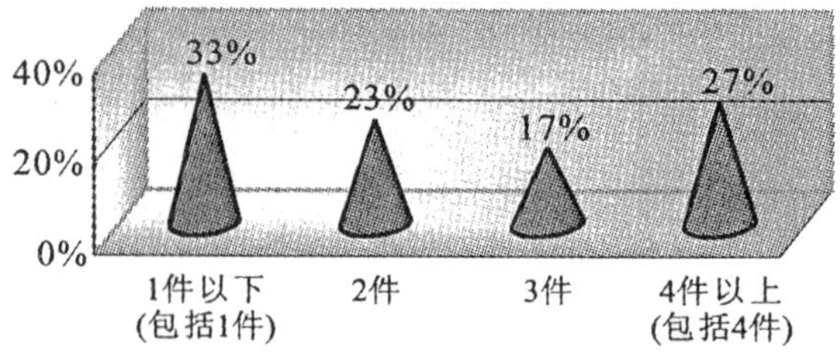


图 16－12　目前拥有珠宝首饰的数量

总的来说，珠宝首饰消费需求还是不断发展的，人们的购买能力在不断提高。消费者拥有的首饰量不是很多，且他们喜欢节假日时自己在珠宝专卖店、百货商场或大型珠宝专业市场现场购买珠宝首饰，我们应该加大卖场的宣传力度，提高知名度，使各方消费者都认识和了解我们的卖场，最后产生购买珠宝首饰的欲望和行动。

进行小结

二、促销方式及促销活动效果的评价

促销是营销策划 4P 组合之一，好的促销活动可以给企业带来良好经济效益，所以调查消费者喜欢的促销方式也是我们调查的主要内容之一。在珠宝首饰行业，珠宝首饰的促销方式多种多样，商家应根据自身的实际情况和消费者的喜好选择别具特色的促销方式。

1. 消费者对珠宝首饰促销方式的评价

调查结果显示，受消费者欢迎的促销方式是打折、赠送礼品、送现金，而优惠券、积分、抽奖等促销方式评价较低，见图 16－13～图 16－18。

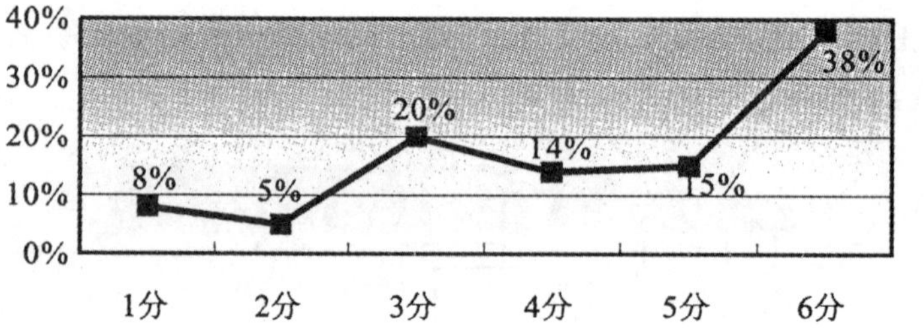


图 16－13　促销方式的评分——打折

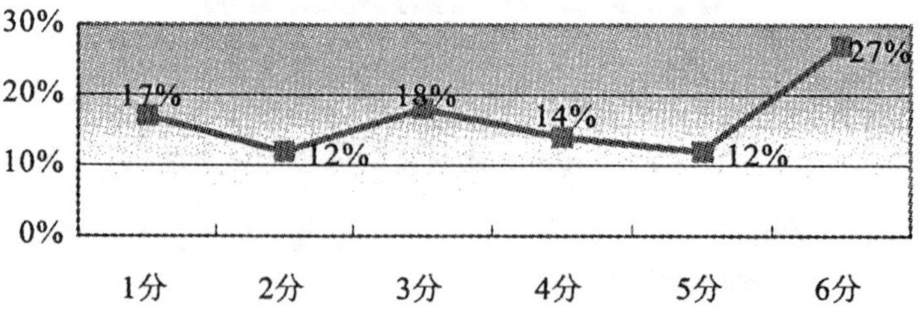


图 16－14　促销方式的评分——赠送礼品

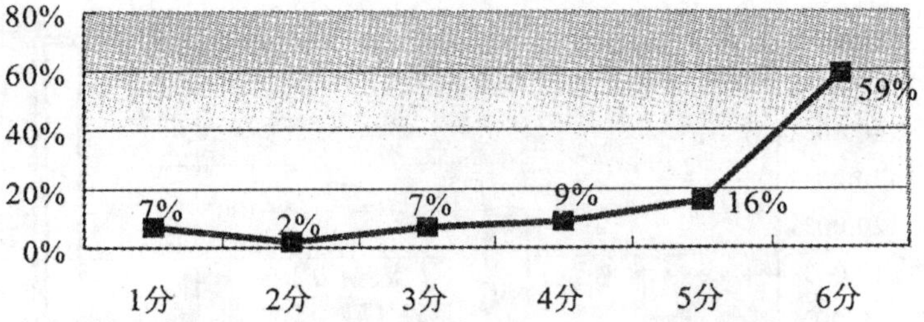


图 16－15　促销方式的评分——送现金

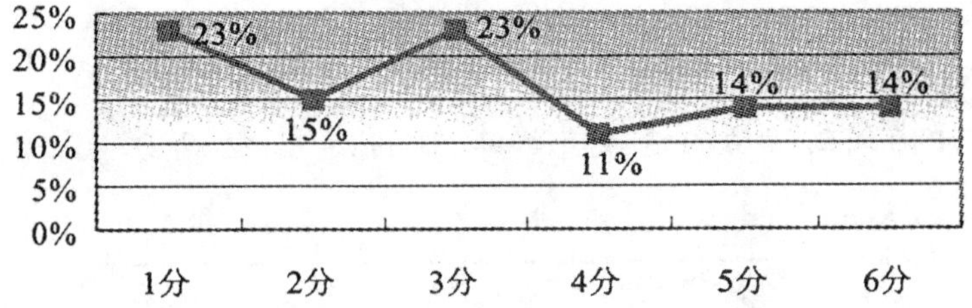


图 16－16　促销方式的评分——优惠券

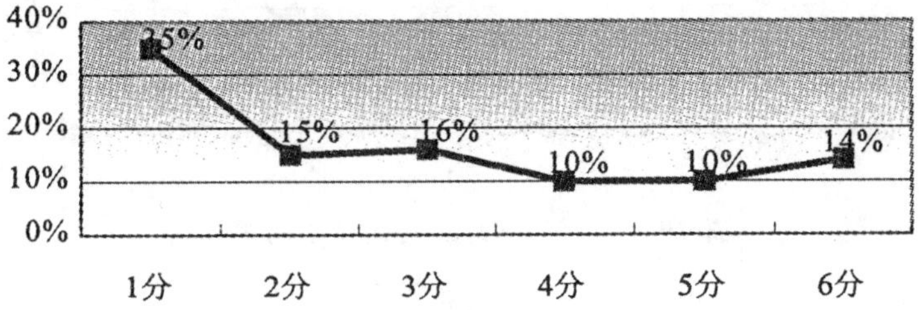


图 16－17　促销方式的评分——抽奖

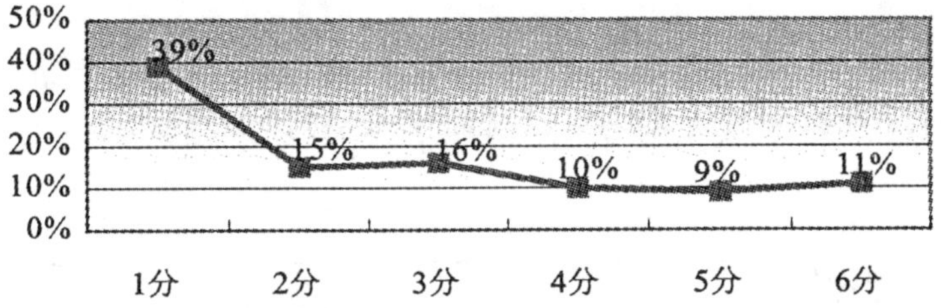


图 16－18　促销方式的评分——积分

2. 消费者对中港珠宝以往促销活动效果评价

中港珠宝举行过很多次大型促销活动，经过各种媒体和企业的宣传后，珠宝首饰消费者对这些促销活动的了解程度如何呢？调查发现在消费者中有59%对这些促销活动未听说过，而在这些促销活动中影响力较大的是“千元珠宝，一元拍卖”活动，占听说过的22%，其他的比例都较低，这说明消费者对中港珠宝的促销活动认知度不高。结果如图16－19所示。

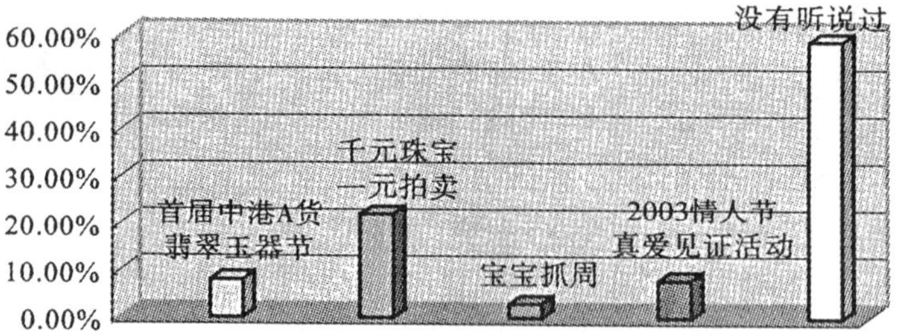


图 16－19　对不同促销活动的认知度

3. 了解促销活动的途径

消费者了解中港促销活动的途径有网络、报刊杂志、电视、广播、亲戚朋友等渠道，如图 16－20 所示：

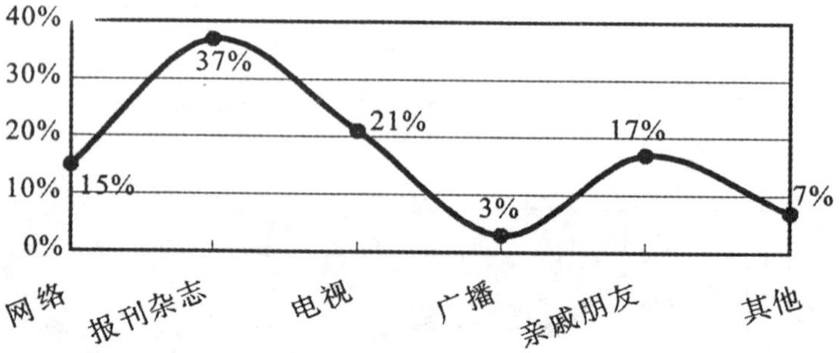


图 16－20　了解到这些促销活动的途径

可以看出，消费者了解中港促销活动主要是通过报刊杂志，而从电视媒体了解到的也较高，其次是从亲戚朋友和网络得知的，分别占到 17％和 15％，广播的比例较低，只占 3％。

进一步调查显示，消费者主要是通过深圳晚报、晶报、南方都市报了解到中港的促销活动，而网络方面消费者多是从其他热门网站了解的，从中港珠宝网了解的只占 35％，见图 16－21：

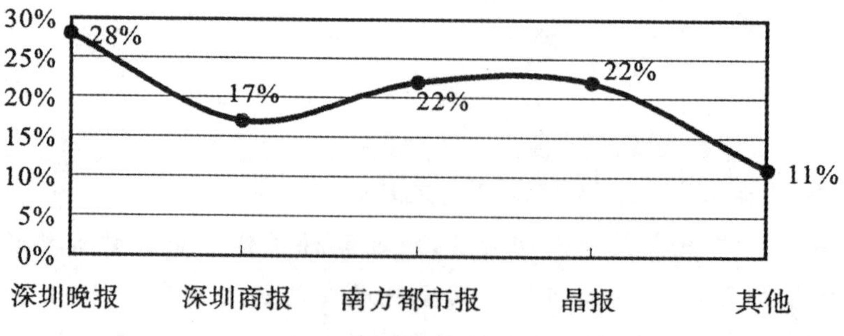


图 16－21　请问您是通过哪种报纸了解的

4. 对促销活动的评价

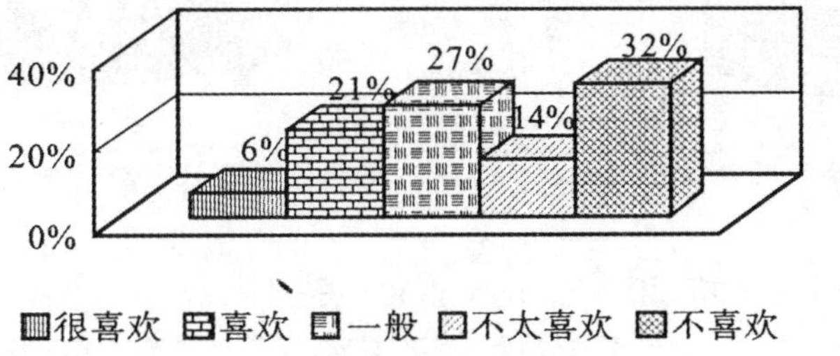


图 16－22 促销活动的喜欢度评价

就知道这些促销活动的消费者而言，对促销活动的满意度(图 16－22)为：6%很喜欢，27%一般，21%喜欢，将很喜欢、一般和喜欢的合并，那么对中港促销活动表示喜欢的就有54%，而不喜欢的只占32%，这表明消费者对中港的促销活动满意度较高，而被访者在促销活动期间有购买珠宝首饰的达27%(图 16－23)。

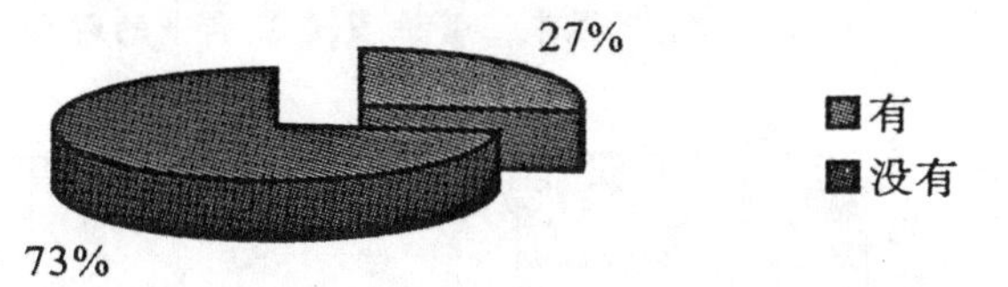


图 16－23 促销活动期间购买珠宝首饰情况

由此可见，中港珠宝城的促销活动是很前卫、很有意识、别具特色的。但一些媒体没有很好地宣传它，不能为中港别具特色的促销活动带来良好的经济效益，导致较多的消费者对中港国际珠宝交易中心的一些大型促销活动了解不太多。因此，中港珠宝应增加广告宣传力度，同时提高自身品牌知名度，建议节假日在一些人流聚集的地方做一些大型的促销活动，既增加品牌知名度，又能得到一定的经济效益。

三、消费者对珠宝首饰终端市场的满意度

随着珠宝行业的发展与成熟，珠宝首饰消费者的消费观也在发生变化。已经由原来的追求高价位、名品牌转变成追求新颖款式、优质服务。终端市场是企业生命的源泉，企业的生存与发展，效益的好与坏，一切由终端来决定，因此对消费者终端各项满意度的调查，是调查的重中之重。

1. 消费者对中港珠宝的认知

被访者中听说过中港的占五成多(图 16－24)，其中去过中港的仅占40%(图 16－25)。也就是说被访者中仅有20%左右的人去过中港，真正感受过中港的服务还要少于这个数字，建议中港继续采取提高知名度的措施。

2. 对营业员专业水平及服务态度的评价

营业员的服务与态度不但影响着企业的销售额而且关系到企业的品牌、形象、美誉度、忠诚度等。调查结果显示(图 16－26)，去过中港的被访者中有51%对中港珠宝营业员

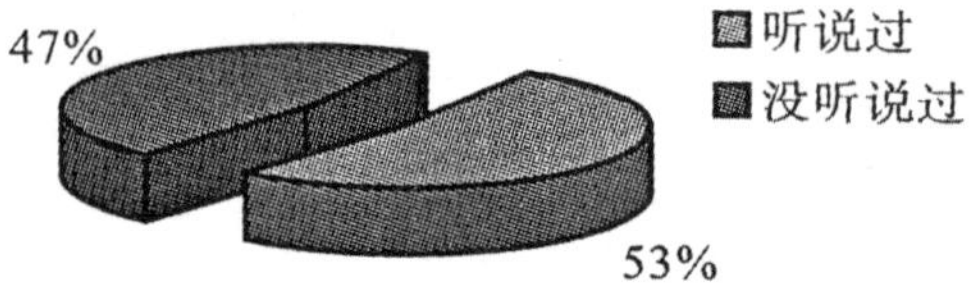


图 16－24　您是否听说过中港珠宝

图 16－25　您是否去过中港珠宝



的专业水平表示满意，其中有 20％表示很满意(图 16－27)。

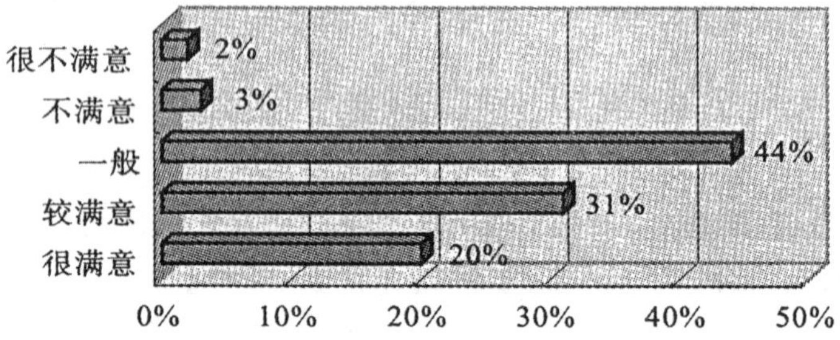


图 16－26　对中港珠宝营业员专业水平的评价

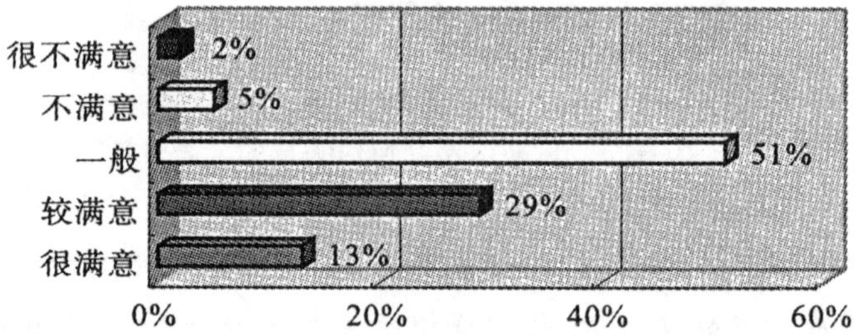


图 16－27　对中港珠宝营业员的服务满意度

3. 对中港卖场气氛、广告及柜台陈列的评价

幽雅的卖场气氛、别致的柜台陈列加上恰当的广告会促使顾客产生现场购买的冲动，诱发成交。从调查结果(图 16－28～图 16－30)可以看出消费者对中港的卖场气氛、柜台陈列、广告的评价较好。

4. 消费者希望得到的售后服务

顾客至上，企业要听取顾客的心声，了解他们的需求。调查结果表明，消费者希望得到的售后服务主要是免费清洗、首饰修理、以旧换新，各占 20％以上，此外还希望得到免费检测咨询、包换等(图 16－31)。

顾客对中港终端市场的各项满意度评价较好，但认知度较低，营业员要继续保持良好的素质，不断提高服务的水平和质量，中港珠宝要不断地发展和完善售后服务。

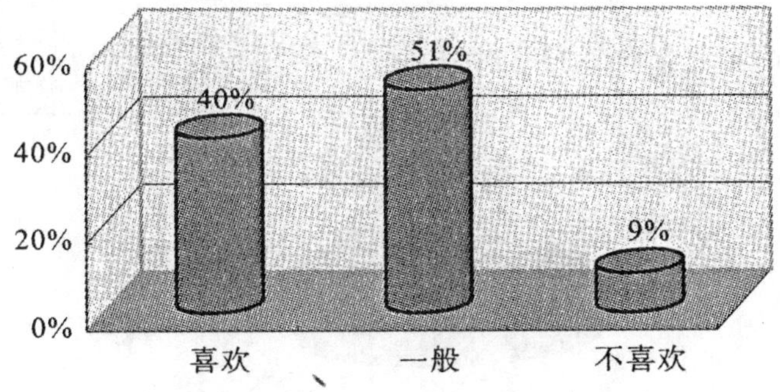


图 16－28　请问您喜欢中港珠宝的卖场气氛吗

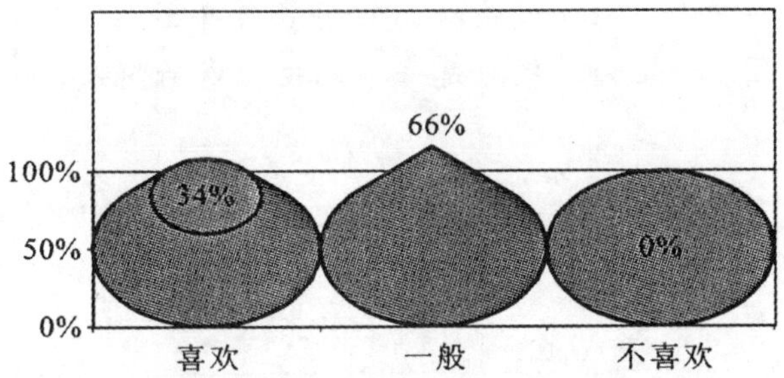


图 16－29　对卖场广告的评价

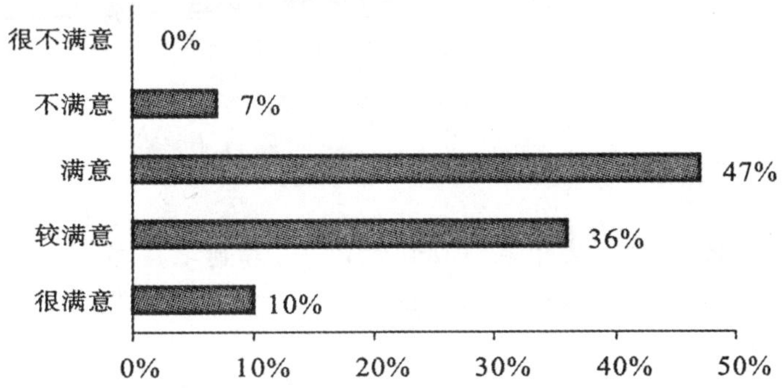


图 16－30　对柜台陈列的评价

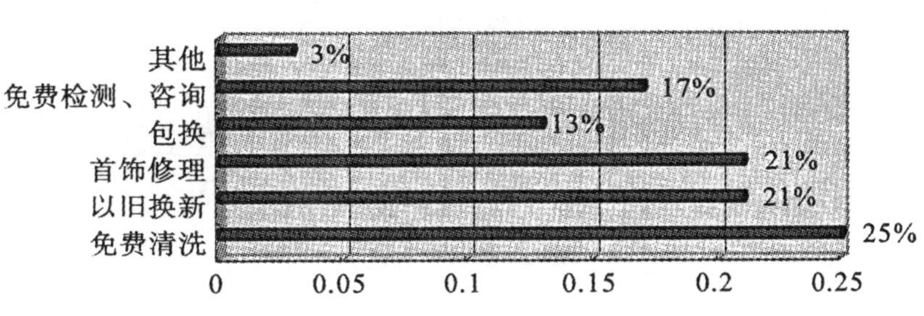


图 16－31　顾客希望得到的售后服务

项目四　钻石消费者调查

四、深圳珠宝首饰消费者的群体特征

> 消费者群体特征分析一般放在最后，也可与其他问题进行相关分析

1. 性别

珠宝首饰的消费者仍然以女性为主(图 16－32)。

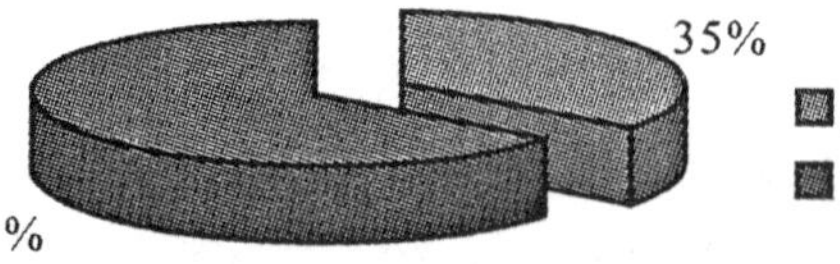


图 16－32　性别



2. 年龄

购买珠宝首饰的以青年为主，五成以上的消费者年龄在 22～25 岁之间；30％的消费者在 26～30 岁之间(图 16－33)。年龄是一个比较敏感的问题，被访者提供的年龄可能与事实不符，仅供参考！

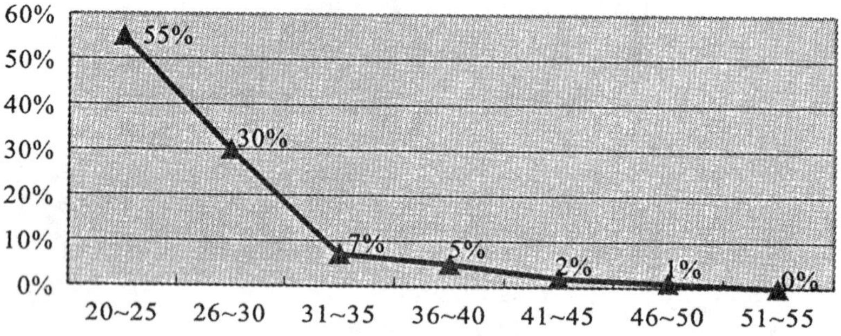


图 16－33　年龄

3. 收入

数据表明被访者的收入多集中在 3 000 元以下，占到七成多。而 3 000 元以上的比例不高，5 000 元以上的仅占近一成(图 16－34)。

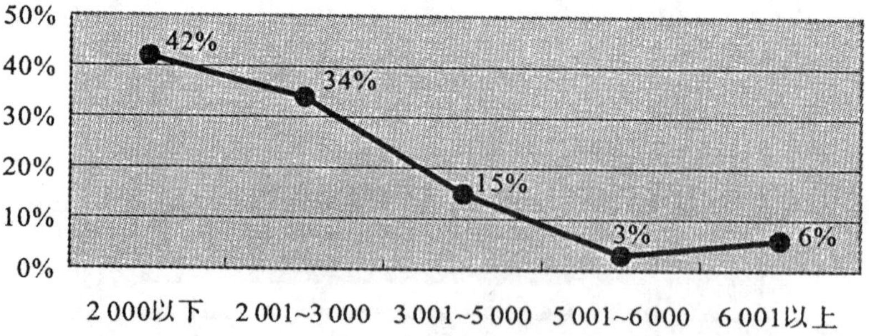


图 16－34　月收入

4. 婚姻状况

被访者中没有结婚的居多，超过六成(图 16－35)。

图 16-35　婚姻状况

5. 职业

被访者以公司职员为主，近五成，其次是自由职业者、其他职业、私营业主和公务员等（图 16-36）。

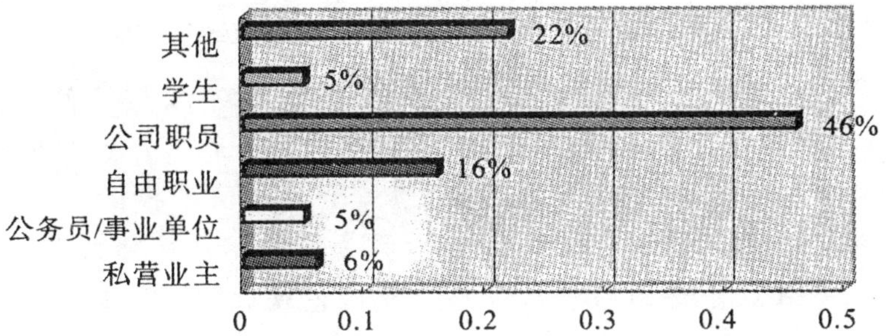


图 16-36　职业

深圳珠宝首饰消费者的群体特征分析表明，深圳珠宝首饰消费者主要是在 20～30 岁之间的女性，而她们大部分都是收入一般的未婚公司职员。她们对中低档的珠宝首饰需求量很大，对部分高档的结婚饰品同样有相当大的需求，中港珠宝就可以利用自己价格上的优势来挖掘并占领这个需求量很大的市场。

注：并不是说高收入和其他年龄的消费者没有需求。只是强调这是一个潜在的、大需求量的市场。

五、结论和建议

对数据结果进行归纳总结

1. 结论

(1)购买行为。消费者喜欢在节假日或生日的时候由自己在珠宝专卖店、百货商场和大型珠宝专业市场购买首饰，购买珠宝首饰主要是为了装饰、纪念和馈赠等。大部分消费者能接受的价位在 3 000 元以下，并且喜欢钻石的消费者较多，其次是素金、水晶和翡翠等。

(2)促销。消费者仍然钟情于传统的促销方式——打折，其次是赠送礼品，再次是送现金，而对优惠卷、抽奖等促销方式表示一般，对于积分由于珠宝的特殊性则普遍不感兴趣。中港举行过的促销活动，仅有 41％的人听过，而听过“千元珠宝，一元拍卖”的有 22％，他们大部分是通过报刊杂志、电视和亲戚朋友而了解到的。

(3)终端服务满意程度。被访者中听说过中港珠宝的仅占 53％，而去过的仅占听说过的 40％。即调查的 300 人中，仅有 60 人去过。不过消费者对中港珠宝营业员的服务及专业水平、卖场气氛、产品陈列、广告等都表示喜欢、满意。

(4)品牌。调查结果显示有53%的人听过中港珠宝,大部分是通过亲戚朋友听说的,其次是通过报刊杂志、电视、网络等其他途径。由于知名度不高,了解中港珠宝的又不多,所以中港的产品、品牌也鲜为人知。

建议要基于数据调查结果,具体可行

2. 建议

(1)消费者比较青睐于1 000～3 000元的中档珠宝首饰,主要类型是项链和戒指,对钻石的喜爱还是情有独钟的,大部分顾客选择中港购买珠宝首饰的原因是价格便宜,建议中港珠宝继续保持价格的优势,多推出一些中档的珠宝首饰。

(2)消费者喜欢在节假日购买珠宝首饰,多是为了装饰,其次为了纪念和馈赠。建议在节假日的时候多推出一些新颖的款式和以感情、亲情定位的饰品。

(3)消费者对中港珠宝以往的大型促销活动评价较好,但认知度不高。对于以后的大型促销活动要做好前期的宣传工作,趁节假日的时间,在人流量较多的地方(如华强北、东门)做一些大型的促销活动。

(4)消费者对中港珠宝营业员的专业水平、服务质量以及卖场的购物环境、柜台陈列和广告表示喜欢,并且最想得到的售后服务是免费清洗,其次是以旧换新、首饰修理等。建议在继续保持优质多样的产品、热情周到的服务和优雅的购物环境的同时,也要不断地发展和完善售后服务,加强营业员的专业知识和服务培训。

(5)调查结果显示顾客对中港珠宝的认知度不高,了解的主要途径是通过亲戚朋友和报刊杂志(深圳晚报)。因此建议以报刊宣传为主,以电视广告、报刊广告、网络广告的宣传为辅,并在附近路口、街道增加户外广告来引导消费者,提高来中港珠宝店的人流量,提高知名度。

## 16.2 能力训练

能力训练(1):完成钻石消费者调查报告,报告要求及评分标准:

| | |
|---|---|
| 结构完整 | 15% |
| 思路清晰,逻辑严谨 | 25% |
| 数据详实,分析深入 | 45% |
| 文字规范简洁 | 15% |

能力训练(2):完成钻石消费者调查项目总结,要求及评分标准:

| | |
|---|---|
| 项目完成情况 | 30% |
| 项目管理的不足和改进建议 | 40% |
| 项目心得体会 | 30% |

# 主要参考文献

岑咏霆. 营销调研实训[M]. 北京:高等教育出版社,2003.
高微. 市场营销调查与预测[M]. 北京:首都经济贸易大学出版社,2002.
李桂华. 市场营销调查——理论、方法、案例[M]. 北京:企业管理出版社,2002.
李同泽. 市场研究方法与技巧[M]. 北京:中国经济出版社,2002.
柳思维. 现代市场研究[M]. 北京:中国市场出版社,2007.
王静. 现代市场调查[M]. 北京:首都经济贸易大学出版社,2005.
赵铁. 市场调查与分析[M]. 北京:北京交通大学出版社,2008.
郑聪玲,徐盈群. 市场调查与分析实训[M]. 大连:东北财经出版社,2008.
周宏敏,市场调研案例教程[M]. 北京:北京大学出版社,2008.
21世纪珠宝网. http://www.21gem.net
3SEEshich 研究信息网. http://www.esee.com
调研在线网. http://www.mrpad.com
中国营销传播网. http://www.emkt.com.cn
中国营销评论网. http://www.marketingch.org
中国珠宝玉石首饰行业网. http://www.vipzb.com
珠宝-慧聪网. http://www.jewelry.hc360.com